KB129292

명리심리학

정신과 전문의 ———— 양창순 지음

사는 게
내 마음 같지
않을 때

명리심리학

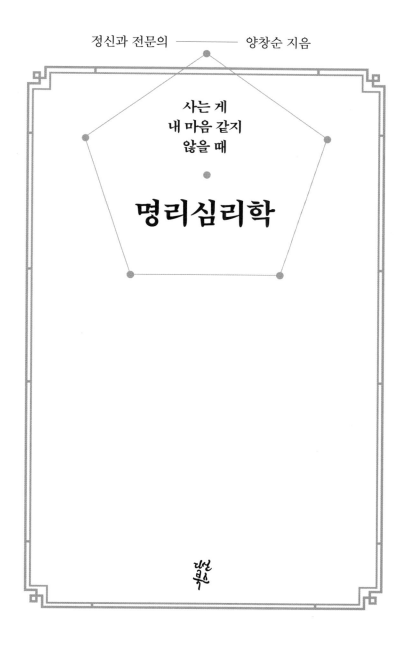

달북

정신과 의사인 나는
왜 운명을 탐구하는가

언젠가 외국의 정신과 의사들과 만나 토론을 할 기회가 있었다. 한 나라의 문화가 정신과 치료에 미치는 영향에 대해 이야기가 오가는 중이었다. 그때 한 외국인 의사가 "한국인들은 인생에서 문제가 생길 때 정신과 의사를 찾아가는 대신 점을 보러 가는 경우가 많다는 이야기를 들었다. 그 말이 사실이라면 그 이유가 무엇인지 정신과 의사로서 그들의 마음을 이해하려는 노력이 필요하지 않겠는가?"라는 요지의 말을 했다. 일리가 있는 말이었다.

그 후 얼마 지나지 않아 아주 특별한 환자를 만났다. 30대 중반의 여성이었다. 그녀는 자신이 곧 죽을지도 모른다는 불안감으로

4

말 그대로 죽을 것 같은 상태에 놓여 있다고 했다. 그녀의 이야기를 들어보니 아마도 우리나라에서 꽤 유명한 점집을 찾아갔던 모양이다. 그런데 그곳에서 그녀에게 2년 후에 죽는다고 했다는 것이었다. 세상에, 자기가 2년 후에 죽는다는 이야기를, 그것도 30대 중반의 젊은 나이에 들었으니 그 불안감이 얼마나 컸을까. 그녀에게 그런 이야기는 믿지 않아도 좋다, 그게 무슨 명확한 근거가 있는 것도 아니지 않느냐고 해봤지만 소용이 없었다. 그녀는 그 역술가가 얼마나 용한데 그러느냐, 그가 실제로 맞힌 사건이 하나둘이 아니라고 주장했다. 그러니 더욱 불안하다는 것이었다. 결국 그녀가 내게 원한 건 강력한 항불안제였다. 하지만 아무리 강력한 항불안제라고 하더라도 이미 마음속에 자리 잡은 불안감을 크게 완화시킬 수는 없었다. 더욱이 인간이 가진 감정 중에서 가장 강력한 것이 죽음에 대한 불안감이 아니겠는가. 그러니 아무리 약을 복용해도 그 불안감이 쉽게 나아질 리 없었다.

결국 그녀는 몇 번의 방문 후 다시 찾아오지 않았다. 하지만 그녀의 일은 내게 큰 충격으로 다가왔다. 그 후로도 비슷한 문제를 가진 사람들이 적지 않게 찾아왔다. 사업이 잘 안되어 점을 보러 갔더니 아버지 탓이라고 하더라, 그러니 호적을 정리하고 갈라서야 할지 고민이라는 중년 남성, 아들 일이 잘 안 풀리는 게 며느리 때문인 것 같은데 자신이 나서서 이혼을 시켜야 할지 고민이라는 시어머니, 되는 일이 하나도 없는 것이 아내 탓이라고 하는데 역시 헤어져야 할지 고민이라는 남편, 딸을 너무 미워하는데 그 이유가 자신이 딸과 사주가 맞지 않아 한집에 있으면 안 된다고 하더라는 엄마까지 사연도 다양했다.

그들에게 무조건 그런 이야기는 믿지 말라고 해서 문제가 해결되지는 않을 것이었다. 최소한 그런 이야기가 어떤 근거에서 나온 것인지는 알아야 어디가 잘못되었는지도 말해줄 수 있지 않겠는가. 이런 생각에 나야말로 날이 갈수록 고민이 커졌다. 동시에 앞서 이야기했던 외국인 정신과 의사의 말을 떠올리지 않을 수 없었다. 그의 말이 일리가 있는 정도가 아니라 당장 고민해봐야 할 문제가 되고만 셈이었다. 더욱이 그가 외국인 의사라는 사실이 나로서는 더 큰 아이러니로 느껴졌다.

그러던 중에 친하게 지내던 선배 산부인과 의사를 우연히 만났다. 그녀가 오랜 미국 생활을 접고 귀국한 지 얼마 안 된 무렵이라 너무 반가운 나머지 우리 두 사람 다 시간을 잊고 이야기를 나누었다. 그런데 흥미롭게도 선배는 내게 명리학을 공부해보지 않겠느냐는 이야기를 꺼냈다. 자신도 그 공부를 하고 있다면서 말이다. 선배는 자신이 산부인과 의사로 일하면서 가장 무력감을 느끼는 때가 뇌성마비로 태어난 아이들을 받을 때라고 털어놓았다. 그때마다 그들은 대체 어떤 운명의 힘을 타고나 생의 처음부터 그토록 힘든 시작을 해야 하는 걸까 하는 생각에 괴로웠다고 했다. 긴 고민 끝에 선배는 명리학을 공부하게 되었고 그 결과에 자신이 더 놀라고 있다고 했다. 나 역시 고충을 털어놓았고 선배는 내게 명리학을 공부해보라고 진지하게 권유했다. 선배의 소개로 나는 명리학은 물론이고 여러 분야에 풍부한 식견을 두루 지닌 좋은 선생님을 만나게 되었다. 그때부터 나는 명리학을 공부하기 시작했다.

그런데 처음부터 명리학은 내게 놀라운 경험을 안겨주었다. 그 학문 자체가 '동양의 성격학'이라는 것을 알게 되었기 때문이다. 저 옛날 그리스의 철학자가 이미 말하지 않았던가. "성격이 곧 운명"이라고. 그 말을 하루에도 몇 번씩 실감하며 살아온 나로서는 더욱 명리학에 흥미를 느낄 수밖에 없었다.

서양의 정신의학에서는 의사나 심리학자와의 상담과 심리검사 등을 통해 한 개인의 성격을 알아낸다. 즉, '나의 보고'에 더 많이 의존한다고 할 수 있다. 그에 비해 명리학은 인간이 자연의 일부라는 것에 그 기초를 두고 있다. 따라서 자연을 이루는 기(氣)의 특성, 즉 한 개인을 이루는 자연 에너지의 균형과 조화를 통해 그의 성격을 알 수 있다는 점이 특히 흥미로웠다. 더욱이 공부를 할수록 그 이론이 대단히 정교하다는 사실을 알 수 있었다. 그 덕분에 그동안 명리학에 대해 갖고 있던 나의 편견이 완전히 깨졌다.

정신과 의사가 임상에서 상담 위주의 진료를 하려면 그 자신도 분석치료를 전문으로 하는 선생님에게 분석을 받아야 한다. 그래야만 자신의 무의식적 문제로 인해 상담 과정에서 일어나는 문제점을 예방할 수 있기 때문이다. 예를 들어 정신과 의사가 무의식적으로 자신의 아버지에게 적대감을 갖고 있다고 하자. 그러면 그 비슷한 문제를 가지고 온 사람에게 지나치게 공감할 가능성이 높다. 아니면 반대로 자신이 보고 싶지 않은 문제를 보는 것 같아 상대방을 지나치게 야단칠 수도 있다. 따라서 분석치료를 전공하려면 내 편에서도 분석치료를 받는 과정을 필수적으로 거쳐야 한다. 나 역시 수년간의 분석치료를 통해 나 자신의 문제, 특히 나의 콤플렉스가 내 운명에 미쳐온 영향을 더욱 잘 알게 되었다.

하지만 내 성격에는 단지 콤플렉스만으로는 설명할 수 없는 무언가가 있었다. 새로운 것에 흥미가 많아 시작은 열정적이지만 곧 관심 자체를 잃거나 마무리가 매우 서툴다는 점, 인간관계에서도 백 번 잘하다가 한 번 아니라는 생각이 들면 칼같이 돌아서는 면 등을 단지 심리만으로 설명할 수는 없었다. 물론 그것이 보다 더 기질적인, 즉 타고난 나의 근본적인 성향에서 비롯된 것이라는 사실을 모르지는 않았다. 그런데 명리학을 공부하면서 나의 그런 성격적인 특성들이 마치 눈앞에 그림이 펼쳐지듯 너무도 뚜렷하게 보였다. 그러한 새로운 경험을 다른 사람들과 폭넓게 나누려면 이 학문에 대한 확신이 필요했다.

그러던 중 또다시 지인의 권유로 대학원에서 주역(周易)을 공부할 기회가 생겼다. 그리고 다시 한번 놀라운 경험을 했다. 중국의 고전인 주역이라면 무조건 어려운 학문으로만 생각했는데, 알고 보니 동양의 리더십에 관한 학문이기도 하다는 사실을 알게 된 것이다. 더불어 주역은 우리 삶에서 일어나는 온갖 문제에 대처하는 해법과 지혜가 가득한 학문이라는 점도 깨달았다. 그 덕분에 주역을 공부하는 시간은 내게 너무도 흥미로운 경험으로 가득했다. 뒤늦게 밤을 새워가며 공부하는 재미에 푹 빠졌고, 마침내 주역의 리더십과 정신의학을 접목한 학위 논문을 쓰기에 이르렀다.

지금도 그때를 생각하면 어떻게 내가 그처럼 몰두해서 그 어려운 과정을 공부하고 논문까지 썼는지 가끔 스스로 놀라곤 한다. 내가 모르는 내 운명의 어떤 힘에 이끌린 느낌이랄까. 더불어 이러한 일이 내 명리학적 구조의 일부분 때문이라는 사실이 더욱 놀라웠다. 그리고 다행스럽게도 정신과 의사라는 직업 덕분에 그처럼 열심히 공부한 내용을 임상에서 사용할 수 있는 기회까지 누렸다. 임상에서 명리학에 대한 사람들의 반응이 내가 생각했던 것보다 훨씬 좋았던 것도 내가 이 학문에 더욱 매진할 수 있는 계기가 되어주었다.

사실 임상에서 상담을 할수록 사람들은 자신의 문제를 점점 더 받아들이는 것을 힘들어한다고 느낄 때가 많아지고 있다. 분명 우울하다고 찾아왔지만 우울증이라고 하면 잘 받아들이지 못한다. 더구나 문제점을 지적받는 것 같은 상황에서는 더욱 받아들이기 힘겨워하는 경우가 많다. 하지만 의미치료를 주장한 빅터 프랭클의 말처럼 우리가 직면한 상황에서 선택할 수 있는 것은 그것을 받아들이는 나의 태도뿐이다. 그는 그것을 '자유의지'라고 했는데, 거기까지 가기가 정말 쉽지 않다. 누구나 지금 내가 얼마나 힘든지, 내 주위에 있는 사람들이 나를 얼마나 힘들게 하는지, 그리고 노력해도 왜 이렇게 힘들게 살아야 하는지 등에 대한 원망과 분노의 감정이 훨씬 더 앞서기 때문이다. 따라서 정신과 의사는 그러한 감정들을 어떻게 다루어나가야 할지 먼저 계획을 세워야 한다.

그 과정에서 중요한 것 중 하나는 내담자의 정신적 역량이다. 신체적 운동을 할 때도 트레이너가 일단 상대의 신체적 건강, 근력, 인내심 등을 알아야 계획을 세울 수 있는 것처럼 말이다. 그런데 나의 임상 경험에 따르면 명리학적으로 그 사람의 전반적인 심리적 건강과 특성을 알면 상담 계획을 세우기가 좀 더 수월하다. 물론 정신과적으로 심리검사를 하는 경우 대단히 상세한 결과를 도출할 수 있다. 다만 요즘은 많은 사람이 점점 더 즉각적인 진단과 치료를 원하는 분위기라 그런지 심리검사를 꺼려하는 사람도 줄어들고 있는 추세다. 그럴 때 나는 명리학적 분석으로 내담자의 전반적인 특성을 살핀다.

명리학적 분석에서 가장 중요한 것은 사주팔자의 균형과 조화다. 균형 잡힌, 즉 사주가 지나치게 강하거나 약하지 않고, 어느 한 오행(五行, 이에 관해서는 뒤에서 자세히 설명할 예정이다)에 치우치지 않으며, 그 오행 간에 지나치게 합(合)이 많거나 충돌하는 구조가 적은 경우라면 그 사람은 어느 정도 심리적 균형을 갖추고 있다고 본다. 예를 들어 '한여름의 바위'를 상징하는 오행을 가진 사람이 사주팔자 안에 물을 상징하는 수(水)의 오행이 없으면, 그 한여름의 햇볕에 뜨거워진 바위를 어떻게 식힐 것인가. 게다가 땅을 상징하는 오행이 서로 옆에서 충돌을 일으키면 그 또한 한여름에 뜨겁게 달궈진 흔들리는 바위의 형상이니 그 마음의 불안정감과 조급함은 이루 말할 수 없다. 그런 사람과는 치료 과정도 천천히 진행해나가야 한다.

정신의학적 결과와 연관해 설명할 때도 명리학을 활용하면 더욱 잘 받아들인다. 예를 들어 우리가 산다는 것은 결국 나만의 집을 짓는 것이라고 할 수 있다. 이때 기질이 집을 짓는 터라면 성격은 그 집을 어떻게 지을 것인지, 즉 2층인지 1층인지, 벽돌집인지 통나무집인지를 상징한다. 한편 심리는 지금 그 집을 어떻게 인테리어했는지를 살피는 것이고, 대인관계는 이웃집과의 관계를 보는 것이다. 나아가 스트레스 대처 역량은 집을 짓고 난 후에 다시금 어디에 문제점은 없는지 살피는 것에 해당한다. 이때 명리학은 무엇보다 내 안에 들어 있는 좀 더 원석과 같은 잠재 능력을 알아가는 데 큰 도움을 준다. 마치 지하실이나 다락방에서 그동안 모르고 있던 선대의 유물을 발견하는 것과 같다. 그처럼 사람들이 두 분야를 종합해 내린 분석을 더 잘 받아들이는 이유는 대략 다음과 같다는 것이 내 생각이다.

첫 번째 이유는 정신의학적으로 자신을 아는 것보다 주역과 명리학으로 아는 것이 덜 아프기 때문이다. 나의 임상 경험에 따르면 사람들은 자신의 문제에 대해 알고 싶어 하면서도 한편으로는 자신이 보고 싶은 것만 보려고 하는 욕구가 더 크다. 그런 심리는 물론 나도 다르지 않다. 그런데 정신의학적 검사는 분석적인 서양의 의학이기 때문에 일단 날카롭고 아픈 경우가 더 많다. 따라서 스스로에 대해 어느 정도 깊이 있는 통찰력을 지닌 사람을 제외하고는 그것을 받아들이기가 쉽지 않은 측면이 있다. 그런 경우에는 심리분석 외에 명리학적 분석 결과를 더해 설명을 해나가다 보면 이해하는 정도가 더 쉬워진다.

예를 들어 심리검사를 하고 나서 자기중심적인 타입이라는 결과가 나오면 받아들이지 못하는 사람이 적지 않다. 그들에게 "당신은 명리학적으로도 세상이 내 중심으로 돌아야 한다고 생각하는 경향이 매우 강하다"라는 말로 성격의 특성을 설명해주면 쉽게 받아들이곤 한다. 사주가 다 불을 상징하는 글자로 이루어져 있는 데다 불과 물이 충돌하는 오행을 가진 사람의 경우에도 마찬가지다. 이때 정신의학적으로 성격이 급하고 충동적이라고 말하면 받아들이기 힘들어한다. 하지만 명리학적으로 불과 물이 부딪치니 번개가 번쩍하는 것처럼 급하고 충동적이라고 하면 그걸 어떻게 아느냐고 놀라면서 쉽게 받아들인다. 한마디로 "타고난 사주팔자가 그렇다"라는 설명 앞에서는 이상할 정도로 두말없이 수긍하는 경우가 많은 것이다.

나의 임상 경험에서 주역과 명리학이 환영받는 두 번째 이유는
이를 통해 누구나 자신에 대해 좀 더 통합적인 이미지를 가질 수
있기 때문이다. 앞에서도 이야기한 것처럼 정신과 의사인 나 역
시 명리학적으로 더 많은 것을 알게 되자 나 자신에 대해 훨씬 더
통합적인 이미지를 가질 수 있었다. 그 결과 자신에 대한 이해가
깊어지면서 삶의 방향에 대해서도 많은 부분을 새롭게 생각할 수
있었다. 그런 의미에서 나는 정신의학으로 자신의 특성을 알아가
는 과정이 건물의 설계도면이라면 명리학은 입체도면에 해당한
다고 생각한다.

세 번째 이유는 명리학과 정신의학을 접목할 때 나의 인간관계
패턴에 대해 좀 더 다른 관점을 가질 수 있기 때문이다. 집을 정리
할 때 불필요한 짐이 많으면 집을 정리하기가 힘들다. 그런 것처
럼 불필요한 감정들이 많으면 인간관계 자체가 힘들 수밖에 없다.
그러한 감정들을 정리할 수만 있다면 쓸데없는 문제로 집착하거
나 괴로워하지 않고 어느 정도 거리를 두는 일이 가능해진다.
사람들을 만나 사귀다 보면 나와 잘 맞는 상대가 있는가 하면
이상할 정도로 처음부터 거리감이 느껴지는 상대도 있다. 그건 상
대의 사회적 지위나 명민함, 매력 같은 것과는 별로 상관이 없다.

그저 첫만남에서 인사를 나누자마자 곧바로 마음이 불편해지는 상대가 있는 것이다. 그럴 때 우리는 대개 자신이 인간관계에 서툴기 때문이라고 쉽게 단정하면서 죄책감을 갖는다. 물론 그런 이유도 없다고는 할 수 없다. 하지만 때로는 단지 명리학적으로 상대와 나의 자연의 기가 맞지 않아서 생겨나는 현상일 수도 있다. 소설가 미야베 미유키의 말을 빌리자면 "바나나와 밤을 같은 정원에 심을 수 없는 것"과 마찬가지다. 그런 관점에서 나의 인간관계를 살펴보니 결국 나와 잘 맞는 사람과는 중간에 오해가 있어도 그 관계가 오래 지속되었고, 나와 맞지 않는 사람과는 어떻게 하든 정리가 되어왔다는 것을 알 수 있었다. 나 역시 그동안 혹시 내 문제가 아닌가 하고 연연하던 관계들이 정리가 되는 도움을 받았다.

네 번째 이유는 명리학적 분석을 통하면 내가 타고난 잠재력을 좀 더 잘 알 수 있기 때문이 아닌가 한다. 사람들을 만나서 상담하다 보면 현실적으로는 모든 것을 다 갖춘 것 같은 사람도 자신에 대해 불만족해하는 경우가 있다. 늘 남과 자기를 비교하므로 자신이 갖고 있는 잠재력을 제대로 보지 못하는 경우도 많다. 그래서 불안하고 의기소침하고 스트레스에 시달린다. 그럴 때 상담치료와 병행해서 명리학적 분석을 하다 보면, 앞서 언급했듯이 일종의 원석과도 같은 잠재력을 찾아내는 경우가 많다. 그리고 그 원석을 어떻게 다듬어나가는가에 따라 인생의 많은 부분이 달라질 수 있다. 실제 임상에서 그런 경험을 통해 도움을 받았다는 사람들이 적지 않다.

나는 주역과 리더십 연구로 십여 년 전에 학위를 받은 이후로는 임상에서뿐만 아니라 조직이나 기업의 고위 임원과 법조계 인사 등 전문직을 위한 리더십 코칭 과정에서도 이를 활용해오고 있다. 이 과정에는 명리학과 주역으로 분석한 리더십의 특성과 앞으로 어떤 변화가 필요한지에 관한 정보도 제공된다. 그러한 현장에서 돌아오는 반응은 대단히 고무적이다. 거의 95퍼센트 이상의 사람들이 그러한 분석을 통해 자신에 대해 더 잘 알게 되었으며 리더십에 반드시 요구되는 대인관계에 있어서도 더 많은 부분을 이해하게 되었다고 말한다. 더 나아가 그들 역시 자신이 아직 알지 못하고 있던 잠재력(특히 리더십 부분에서)에 대해서도 더 잘 알게 되어 큰 도움이 되었다는 피드백을 해오고 있다.

나는 그 경험을 바탕으로 「서양의 성격분석방법과 동양의 사주이론과의 연관성(Relations between Eastern Four Pillars Theory and Western Measures of Personality Traits)」이라는 논문을 임상 심리학자와 공저로 SCI(E) 등재 논문집에 발표하기도 했다. 영어 논문을 쓰게 된 계기 또한 나의 경험을 좀 더 많은 사람과 나누고 싶었기 때문이다. 또 하나 서두에 외국인 정신과 의사의 이야기도 했지만, 서양 문화권에서도 명리학과 주역에 대한 관심이 고조되고 있는 환경이 영향을 미쳤다. 그 논문이 발표된 이후 같이 연구하자는 서양 의학자들의 제안을 많이 받고 있다. 앞으로 내가 더 고민하고 연구해봐야 할 과제로 생각하고 있다.

다만 그와 같은 나의 모든 경험에도 불구하고 이번 책을 쓰기까지 여러 가지로 고민이 많았다. 정신과 의사가 명리학을 공부하고 임상에도 적용한다면 분명 적지 않은 반발에 부딪힐 수 있다는 것을 누구보다 잘 알기에 더욱 그러했다. 하지만 그 부분에서는 내 나름대로 어느 정도 확신이 있었기에 용기를 낼 수 있었다. 다만 이 책을 어떠한 방향으로 쓸 것인지에 대해서는 그 정도로 확신이 서지 않았다. 물론 명리학에 관해 이론적이고 전문적인 책을 쓸 생각은 없다. 명리학 전문서적은 너무도 많고(자료를 보기 위해 도서관에 갔다가 그쪽 분야의 책들이 커다란 서가 한쪽을 가득 메우고 있는 것을 보고 놀란 경험이 있다) 내가 감히 그것을 쓸 처지도 아니기 때문이다. 그보다는 정신과 의사로서 그동안 임상에서 경험한 것들을 정리하면서 어떻게 동양의 명리학과 서양의 정신의학이 연관되는지에 관한 고찰을 시도해보고 싶은 마음이 더 컸다. 명리학도 정신의학도 결국은 인간에 대한 이해에 그 토대를 두고 있는 학문이기 때문이다.

사실 우리 같은 인간들의 관심사는 오로지 자기 자신뿐이라고 해도 지나침이 없다. 상담을 하면서 그런 경험을 참 많이 한다. 상담 후에 '나를 어떻게 평가했을까? 내가 말은 잘했나? 내가 왜 그런 얘기를 했지? 날 거만하다고 평가하지는 않겠지?' 하는 데까지 마음을 쓰는 사람이 적지 않다. 그들은 일상생활에서도 언제나 '나 어때?'라는 프레임 속에서 산다. 다른 사람들은 단지 나를 평가하기 위한 존재일 뿐이다. 그만큼 나에게는 내가 소중한 존재라는 뜻이기도 하다. 그건 나 역시 마찬가지다.

그런 의미에서 인간은 한없이 자기중심적인 존재이며, 그것을 인정할 때 우린 비로소 타인에 대한 이해도 넓혀나갈 수 있다. 따라서 그처럼 소중한 존재인 나 자신이, 내 앞에 놓인 삶이 궁금한 것은 너무나 당연한 이치라고 할 수 있다. 명리학은 그것에 대해 답을 주는 학문 중 하나다. 또한 우리가 소중한 존재로서 자신이 원하는 삶을 살기 위해서는 내가 어떤 사람인지 내 마음이 어떻게 움직이는지를 세심하게 알아야만 한다. 그에 대한 해답을 가지고 있는 것이 바로 정신의학이다. 그리고 두 학문의 궁극적인 핵심은 진심으로 나를 알고 나를 사랑할 때 세상은 내가 그동안 보지 못한 것을 보여준다는 것이다.

나는 지난 십수 년간 주역과 명리학 공부에 최선의 노력을 기울여왔다. 그 과정에서 내가 존경하는 여러 선생님들의 전폭적인 지지는 정말 큰 힘이 되어주었다. 멘토 중 한 분을 찾아가 명리학을 공부했다고 말씀드리니 그분께서는 "나는 평소에 우리나라 정신과 의사 중에 누군가는 이 학문을 공부해야 한다고 생각했는데 네가 그런 용기를 내주어서 잘했다고 말하고 싶다"라고 격려해주었다. 또 다른 선생님은 주역과 정신의학 논문 발표에서 심사위원으로 날카로운 비평을 해주어서 논문을 완성하는 데 아주 큰 힘이 되었다.

그 후로도 나의 멘토 선생님들은 나를 만날 때마다 잊지 않고 내가 남들이 가지 않는 길을 가고 있는 것에 대해(나중에 나 말고도 한두 명의 정신과 의사가 이 공부를 하고 있음을 알았다) 격려를 해주고 있다. 그래서 더 힘을 내게 된 것 같아 늘 감사한 마음이다.

물론 정신의학이나 명리학이나 인간을 탐구하는 학문이기에 나로서는 알아갈수록 더 어렵기만 한 것이 사실이다. 그 과정에서 좌절감을 느낄 때도 많다. 그때마다 소크라테스의 "나는 아무 것도 모른다는 것을 안다"라는 말이나 노자의 "안다는 것은 모른다는 것이다(知不知)"라는 말을 떠올린다. 또한 『장자』 '양생주편'에 나오는 "우리의 생명에는 한계가 있지만 지식에는 끝이 없다. 끝이 있는 것을 가지고 끝이 없는 것을 추구하면 위태로울 뿐이다(吾生也有涯 而知也無涯 以有涯 隨無涯 殆已 而已 爲知者 殆而已矣)"라는 말을 되새겨보기도 한다. 결국 안다는 것은 내가 얼마나 모르는 게 많은지를 비로소 이해해가는 과정이라는 생각이 들기 때문이다. 그런 의미에서도 이번 책을 쓰면서 여러 가지로 생각이 많았다. 그 과정에서 한 가지 분명한 것은 내가 지금껏 살아오면서 경험한 크고 작은 이야기들을 독자들과 편안하게 나누고 싶은 마음이 가장 컸다는 사실이다. 그 마음이 독자들에게도 전해지기를 바랄 뿐이다. 끝으로 이 책에 소개한 명리학 이론들은 명리학의 핵심 이론이기도 하지만 지극히 일부이다. 실제 분석에서는 이 외에 대단히 정교하고 복잡한 이론들을 활용한다는 것을 밝혀둔다.

2020년 경자년(庚子年) 무인월(戊寅月)

양창순

1장

명리학이
내게 가르쳐준 것들

3장

당신과 내가 우리가 되는
오행의 모든 것

4장

내 앞에 놓인 삶이 궁금한
사람들에게

1장

명리학이
내게 가르쳐준 것들

"자기가 넘지 말아야 할
경계선이 어디쯤인지
분명히 아는 것보다
중요한 것은 없다."

소중한 존재로서
나의 근원을 찾는 일

언젠가 지인에게 생일을 맞아 축하한다는 메시지를 보냈더니 "Happy와 Birthday가 어긋나기 시작하면 늙는 것"이라는 답장을 받았다. 그렇게 생각해본 적이 한 번도 없었는데 그의 이야기를 들으니 그럴 수도 있을 것 같았다. 어릴 때 생일은 가장 신나는 날 중 하나다. 손꼽아 기다리는 말 그대로 'Happy Birthday'다. 그러나 어른이 되면 어느 순간부터 생일은 더 이상 신나고 행복한 날만은 아닌 경우가 많다. '삶이 이토록 지난한데 태어난 게 무슨 경사라고?' 하는 마음이 더 많이 들기 때문이다. 지인의 말처럼 Happy와 Birthday가 어긋나기 시작하는 것이다.

사람들이 명리학에 심취하는 이유 중 하나는 삶에서 경험하는 가장 큰 우연이 바로 자신의 출생이 아닐까 하는 생각을 할 때가 있기 때문이다. 왜 하필 나인가? 왜 하필 나는 한국이라는 나라에서, 왜 하필 지금의 부모 밑에서 태어나, 왜 하필 현재와 같은 삶을 사는가? 아마 살아가면서 그러한 질문을 해보지 않은 사람은 없을 것이다. 철학적 논거를 제외하고 그 질문에 해답을 주는 학문은 명리학이 거의 유일하다는 것이 내 생각이다.

물론 서양에는 점성학이 있다. 어떤 의미에서 점성학과 명리학은 유사한 점이 있다. 점성학은 내가 태어난 순간의 별자리로 나를 아는 것이고 명리학은 그 순간 우주에 가득 찬 기로 내 출생의 비밀을 밝히는 학문이다. 즉, 점성학이 눈에 보이는 별자리를 가지고 말한다면 명리학은 눈에 보이지 않는 우주의 기로 나를 아는 것이다. 명리학의 기본은 나의 생년월일시를 가지고 자연의 기를 상징하는 오행으로 전환해 그 오행의 상호작용으로 나를 아는 것이다. 그런데 그 다섯(五) 가지 특성은 고착된 것이 아니라 행(行)으로 변화한다. 즉, 명리학은 내 명(命)의 이치가 정해져 있는 것이 아니라고 주장한다. 자기를 알고 거기에 따른 합당한 노력을 통해 한 걸음 전진하자는 것이 명리학의 기본 사상인 것이다.

태어난 이상 죽는 날까지 나와 함께하는 날이 있다면 그건 생일뿐이다. 내게 이 세상은 나와 함께 생겨나서 나와 함께 사라지는 것이기 때문이다. 그것을 두고 이미 저 옛날에 장자는 "하늘과 땅은 나와 함께 생겨났다(天地與我竝生)"라는 말을 남겼다. 인간의 심리를 이렇게 압축해서 표현한 글도 없다. 물론 내가 태어나기 전에도 하늘과 땅은 존재했다. 하지만 그것이 내게 존재하는 것은 내가 그 하늘과 땅 사이에 태어났기 때문이다. 맹자도 그 비슷한 말을 남겼다. "만물이 내 안에 깃들어 있다(萬物皆備於我矣)"라고 한 것이다. 나는 나의 눈, 코, 입, 귀, 손 등을 통해 세상을 알아간다. 즉, 만물은 당연히 이미 존재하지만 그것 또한 내가 그 존재를 알 때 비로소 내 안에서 의미를 갖는다.

가끔 자연 다큐멘터리를 보면 동굴에서, 물속에서, 땅속에서, 하늘 위에서 내가 그 존재를 몰랐던 생물들이 너무도 많다는 것을 보고 소스라치게 놀랄 때가 있다. 내가 그들의 존재를 모르는 동안 내게 있어 그들은 아예 존재하지 않는 대상이었다. 다시 말해, 내가 모르는 세상은 분명 존재하지만 내가 알기 전까지 그 세상은 내게 존재하지 않는 것과 마찬가지라는 이야기다. 그래서 내게는 내가 가장 중요하고 소중한 존재인 것이다. 명리학은 그처럼 소중한 존재인 내가 누구인지를 알려주고 내 운명의 이치를 깨닫게 해주는 학문이다. 그 방법은 인간을 자연의 일부로 보고 그 특성을 살피는 데서부터 시작한다.

우린 나팔꽃이나 무궁화가 언제 피고 언제 시들어갈지를 대강 안다. 물론 그 과정에 날씨와 환경이라는 변수가 작용한다. 그러나 자연의 섭리에 따라 일반적으로 피고 지는 주기는 정해져 있다. 인간 역시 자연의 일부다. 따라서 인간에게 부여된 보편적인 삶의 여정 역시 자연의 섭리에 의해 어느 정도 정해져 있다고 봐야 한다. 그리고 그 모든 정보가 단지 나의 생일에 담겨 있다는 것은 정말 흥미로운 일이다. 마치 우리의 DNA에 내 모든 정보가 담겨 있는 것처럼.

빌 브라이슨의 책 『바디』에 의하면 우리 몸의 DNA를 전부 이으면 지구에서 명왕성 너머로까지 뻗을 수 있을 만큼 길다고 한다. 그 많은 정보를 다 알기 위해서는 더 많은 연구가 필요한 것처럼 나의 생일에 담겨 있는 비밀을 우리가 다 알기까지는 더 많은 시간이 필요할 것이다. 그러니 지금 아는 내가 나의 모든 것이 아니지 않겠는가. 그래서 사람들은 자신과 세상에 대해 더 많이 알기 위해 노력한다.

세상에 존재하는 모든 것은 결국 인간이 자기 필요에 의해서 만들어낸 것이다. 과학은 세상에 존재하는 것들의 보편적 진리와 법칙을 알기 위해서고, 철학은 그 보편적 진리와 법칙의 의미를 찾기 위해서 인간이 만들어낸 학문이다. 의학은 인간이 오래 건강하게 살기 위해 병을 치료하고자 발전해온 학문인 것처럼 명리학은 '내가 태어난 날의 비밀'을 통해 나를 알아가는 학문인 것이다. 그리고 그 정보를 알기 위해서는 내가 태어난 날의 연월일시를 오행으로 전환시키는 작업을 통해 내가 가지고 있는 우주의 에너지, 즉 기의 특성과 균형, 조화, 흐름 등을 살피는 것이 필요하다. 그런 의미에서 명리학은 철저하게 자연을 기반으로 한다. 그것을 받아들이지 못하면 명리학을 이해할 수가 없다.

『지리의 힘』이라는 책을 쓴 팀 마샬은 인간이 아무리 잘난 척을 해도 결국은 자신이 속한 땅, 즉 지리의 영향력에서 벗어날 수 없다고 주장한다. 나 역시 그의 말에 동의한다. 즉, 인간은 아무리 인공지능을 만드는 시대에 살아도 자연의 영향에서 벗어날 수 없는 존재다. 한 유명한 셰프가 "진정한 셰프라면 자신이 만드는 음식에 사용되는 재료들이 어떤 땅과 어떤 기후에서 어떻게 생장해왔는지 알아야 한다"라는 요지의 말을 했고, 그 말에 크게 공감했던 기억이 있다. 먹는 음식의 재료도 어떻게 생장해왔는지를 아는 것이 중요한데, 인간에 대해서는 무슨 말이 더 필요하겠는가.

식물도 봄, 여름, 가을, 겨울에 피는 것이 다 다르고 같은 종이라도 어떤 땅, 어떤 환경에서 자라는가에 따라 또 달라진다. 그런 것처럼 인간도 생명이므로 봄에 태어난 사람, 여름에 태어난 사람, 가을에 태어난 사람, 겨울에 태어난 사람이 같을 수 없다. 또한 남쪽에서 태어난 사람, 북쪽에서 태어난 사람들은 신체도 다르다. 명리학은 그 다름을 한 개인이 태어난 시각의 우주의 기로 규정한 학문이다. 한마디로 내 출생의 비밀에는 온 우주의 기가 얽혀 있는 셈이다.

정신의학자 알프레드 아들러는 『인간이해』라는 책에 이렇게 썼다. "인간의 정신생활이 낮과 밤의 교차, 태양의 영향, 그리고 원자들의 움직임과 같은 무한한 자연현상과 어떤 관계를 맺고 있는지 생각해보면 우리의 연구 대상이 얼마나 광대한지 쉽게 예측할 수 있다. 이러한 우주의 영향력까지도 우리의 정신과 아주 밀접한 관계를 맺고 있다." 나는 아들러 역시 스스로 의도한 것은 아니지만 부분적으로 명리학의 개념을 이해하고 있었다고 생각한다.

융이 인간의 집단 무의식에는 '태고유형(Archetype)'이라고 하여 마법, 신, 악마, 거인 등과 더불어 나무, 태양, 달, 바람, 강, 불 등의 이미지가 자리 잡고 있다고 한 것 역시 인간과 자연의 연관성을 설명한 예다. 태고유형을 통해 이미 우리의 뇌 안에 자연에 대한 이미지가 자리 잡고 있다는 개념은 그것이 인간에게 미치는 영향력이 그만큼 크다는 것을 의미한다. 심리를 뜻하는 'Psyche'라는 말이 라틴어로 본래 '영(靈)' 또는 '혼(魂)'을 뜻하는 단어였다는 사실도 흥미롭다. 서양에서도 이미 인간이라는 존재가 기라는 것을 알고 있었던 게 아닐까. 고대 그리스 철학자 엠페도클레스가 우주는 흙, 공기, 물, 불로 이루어졌다고 주장한 '4원소설'이나, 그의 제자들이 인간은 냉(차갑고), 건(건조하고), 습(습하고), 열(뜨거운)의 4체액으로 이루어졌다고 주장한 것 모두 인간을 이루는 것이 결국은 기라는 점과 일맥상통하지 않을까 싶다. 그리고 실제로 우리 몸의 60퍼센트가 산소로 이루어져 있다는 사실이 그것을 입증하고 있는 것 같다.

명리학은 이러한 이론을 좀 더 광범위하게 확대해 한 개인이 하나의 소우주이고, 그 각각의 소우주는 인류가 존재하는 대우주와 연관되어 있다는 사상에서 시작됐다. 그리고 그것에 대한 과학적인 입증은 앞으로 과학이 발달하는 데 달려 있지 않을까 하는 생각도 해본다. 프로이트나 융에 대해서도 한때는 그들의 이론을 받아들이지 못하던 사람들이 있었다. 하지만 뇌과학이 발전하면서 결국 그들의 이론이 맞았다는 것이 입증되고 있지 않은가.

인류의 조상은 태양, 달, 별이 지구에 미치는 영향에 대해 너무나 잘 알고 있었다. 우리가 아직 풀지 못하는 고대 문명의 미스터리들이 다 천체의 운동과 관련이 있다는 것은 누구나 알고 있는 사실이다. 단지 서양은 그러한 우주와 인간이 별개로 존재하면서 인간이 우주의 영향력을 받고 있다고 생각했지만, 동양은 그것이 별개로 존재하는 것이 아니라 서로가 연결되어 있다고 생각한 것뿐이다. 즉, 내가 태어난 그 순간의 우주의 기가 내 몸에 들어와 나를 이룬다고 생각한 것이다. 그리고 나의 생일이 바로 나를 이루는 우주적 기의 상징이다. 그것이 자연을 바라보는 동양과 서양의 가장 큰 시각 차이기도 하다.

자연은 별개로 존재하는 것이 아니다. 자연현상만큼 서로 얽히고설켜서 생겨나는 것도 드물다. 그래서 인간은 끊임없이 자연을 탐구한다. 하지만 인간이 멸망하는 날까지 과연 자연의 신비를 다 알 수 있을까 싶다. 인공지능의 시대라지만 우린 아직도 자연 앞에서는 작아진다. 생명을 만들어내는 인간이 허리케인이나 지진과 같은 자연현상 앞에서는 정말 무력한 존재가 되는 것이다. 그러므로 인간이 자연의 일부라는 명리학의 시각은(그것을 과학적으로 입증할 수 있든 없든) 그 발상 자체만으로도 대단히 매력적인 요소라는 게 내 생각이다. 그런데 내 경우, 임상에서 경험론적으로도 그것이 유용하니 더욱더 매력적일 수밖에 없는 것이다.

"50년을 살고 보니
49년이 후회더라"

"우리는 무엇을 위해 인생 여정을 출발했는지 잊어버릴 정도로 너무 멀리 와버렸다."

철학자이자 화가, 소설가이자 시인으로 이름을 떨친 칼릴 지브란의 말이다. 어느 책에선가 이 구절을 발견했을 때 나는 깊이 공감했다. 정말이지 출발점에서 너무 멀리 와버렸다는 느낌만큼, 그것도 아무것도 손에 잡지 못한 채로 너무 오랜 시간 어둠 속을 헤맸다는 생각만큼 우리를 힘들게 하는 것이 있을까 싶어서다.

인간의 삶은 마치 산을 오르내리는 것과 같다. 어떤 사람은 산 정상에 우뚝 서지만 어떤 사람은 산기슭에서 그냥 내려오기도 한다.

올라가는 것까지는 잘해도 내려오는 길에 그만 미끄러지는 경우도 있다. 산을 타본 사람들은 안다. 정상에 올라가기까지 얼마나 많은 고비가 있으며, 날씨는 얼마나 변화무쌍한지. 따라서 등정에 성공하기 위해서는 먼저 몸이 가벼워야 한다. 뭐, 산기슭에서 놀다 오려면 돗자리에 먹을 음식을 잔뜩 챙기는 것으로도 충분할지 모른다. 하지만 정상까지 오르고 싶다면 그래서는 곤란하다. 필요한 것들만 최소한으로 챙기는 것이 중요하다. 그래서 어떤 사람들은 에베레스트산도 무산소로 등정하지 않는가.

몸뿐만 아니라 마음도 가벼워야 한다. 등산은 가장 순발력이 요구되는 일 중 하나이기 때문이다. 마음에 온갖 근심 걱정을 잔뜩 안고서는 올라가면서 경험하는 수많은 고비에 제대로 대처할 수 없다. 함께 산을 오르는 사람들과 마음도 잘 맞아야 한다. 그리고 정상에 우뚝 섰다고 해서 자만하면 안 된다. 언제 자연이 돌변해 비바람이 칠지 모르니 적절한 시기에 내려와야 한다. 그러지 못해서 하산 길에 잘못되는 경우들은 또 얼마나 많은가. 그러니 '무엇을 위해 출발했는지 잊어버릴 정도로 멀리 와버려서는' 곤란한 것이다. 문제는 이미 멀리 와버린 후에야 비로소 그 사실을 알아차린다는 점이다. 적어도 내 경우에는 그랬다.

세월이 지나면서 새록새록 옛 어른들의 말씀이 맞는다는 것을 실감한다. 죽기 전에 철든다는 말도 그중 하나다. 남이 보기에는 꽤 많은 나이에 접어들었음에도 난 아직도 늘 실수를 한다. 그리고 배워나간다. 그러니 죽기 전에 철이 들면 비로소 인생에 대해 조금은 안다고 말할 수 있을 때가 올까 싶은 것이다.

물론 나는 정신과 의사로서 수많은 사람과 만나며 삶에 대해 많은 간접경험을 했다. 언젠가 영화를 만드는 사람들과 이야기를 나눌 자리가 있었다. 그 자리에서 나는 직업상 참으로 다양한 삶을 사는 사람들을 만나본 끝에, 더 이상 '드라마틱하다'는 표현은 쓰지 않으려 애쓴다는 의미의 말을 했다. 드라마나 영화, 소설보다 더 드라마틱한 것이 바로 현실의 삶이기 때문이다. 그래서 오히려 '리얼리스틱하다'고 표현한다 했더니 그 자리에 있던 사람들이 다들 공감했다.

그런 간접적인 삶의 경험까지 더하면서, 나는 살아오는 동안 내가 정신과 의사로서 인간의 심리를 잘 몰랐더라면 참으로 많은 상처를 받았겠구나 하는 생각이 들 때가 많았다. 다행스럽게도 거기에 더해 명리학적 지식 또한 인생의 굽이굽이에서 나를 잡아주었다. 그렇지 않았더라면 더 많은 날을 한탄과 후회로 보냈을 것이다. 결국 두 학문 모두 나를 알고, 인간을 알고, 삶을 알게 해준 나의 큰 보물들인 셈이다.

『지금 알고 있는 걸 그때도 알았더라면』이라는 제목의 책도 있는 것처럼 나 역시 조금 더 빨리, 조금 더 깊이 나 자신에 대해 알았더라면 그처럼 많은 시행착오를 겪지는 않았을 것이다. 그러나 한편으로는 안다. 그것을 알고 과거로 돌아간다고 해도 다시 제대로 원하는 삶을 살아내지는 못하리란 것을 말이다. 내 인생에서 과거 순간순간에 몰아친 감정의 폭풍우를 스스로도 잘 알고 있다. 그래도 그것을 잘 다스렸더라면 얼마나 좋았을까 하는 후회가 큰 것만큼은 어쩔 수가 없다. 그러면 지금처럼 '인생을 낭비한 죄'로 스스로를 정죄하는 일이 조금은 줄어들지 않았을까.

다만 나만 그렇지는 않다는 사실이 한편으로는 위로가 된다. 『회남자』의 어느 구절에도 "50년을 살고 보니 49년이 후회더라(行年五十, 而知四十九年非)"라는 문장이 나온다. 나는 이 구절을 읽고 너무 공감한 나머지 울컥하는 심정이 된 적도 있었다. 그리고 이 이야기를 강의 때 들려주면 청중도 격하게 공감하는 반응을 보인다. 역시 그런 사람이 나뿐은 아니었던 것이다. 가장 현명했다는 솔로몬조차 "산 자보다 죽은 자가 낫고 죽은 자보다는 태어나지 않은 자가 낫다"라는 의미의 한탄을 하지 않았던가. 그만큼 살아가는 일이 힘들다는 의미일 것이다.

명리학을 공부하면서 또 하나 위로가 되는 것은 우리의 삶은 결국 결핍에서 시작된다는 사실을 이해한 것이다. 명리학의 기본 원리는 육십갑자법을 따른다[줄여서 흔히 '육갑법(六甲法)'이라고 한다]. 그리고 이 육십갑자에 쓰이는 글자는 10개의 천간(天干)과 12개의 지지(地支)로 이루어져 있다. 천간은 갑(甲), 을(乙), 병(丙), 정(丁), 무(戊), 기(己), 경(庚), 신(辛), 임(壬), 계(癸)의 열 글자를 가리키며, 지지는 자(子), 축(丑), 인(寅), 묘(卯), 진(辰), 사(巳), 오(午), 미(未), 신(申), 유(酉), 술(戌), 해(亥)이다. 이때 천간과 지지를 차례로 하나씩 맞추어나가면 서로 다른 육십 개의 짝이 생겨난다. 여기서 120개가 아니라 60개인 이유는 양의 글자는 양의 글자끼리, 음의 글자는 음의 글자끼리만 조합이 이루어지기 때문이다. 즉, 한글을 이루는 기본 글자가 14개의 자음과 10개의 모음으로 이루어져 있는 것처럼 명리학의 가장 기본인 사주팔자를 이루는 글자는 천간과 지지를 합해 모두 22개다. 그리고 그것이 서로 결합해 이루어지는 것을 바로 육십갑자라고 한다. 그런데 한글에서는 그 기본 글자를 전부 활용해 말을 만들어낼 수 있으나, 내 운명은 육십갑자 중에서 겨우 네 개의 구성, 즉 겨우 여덟 글자에 불과하다.

이것은 곧 인간의 삶이 애초에 결핍으로 시작되었음을 의미한다. 그것을 두고 '나는 왜 22개가 아니라 8개만 갖고 태어났는가?' 하고 원망한들 소용이 없다. 그건 마치 개나리가 나는 봄이 싫고 가을이 좋다고 해서 가을에 피어날 수 없는 것과 마찬가지다. 그리고 개나리는 봄에 피어날 때가 가장 예쁘다. 어쩌다 날씨를 착각해 계절이 지난 후에 피는 꽃도 아예 없는 것은 아니다. 하지만 그 모습은 어딘지 처량하고 안타까울 뿐이다. 물론 아주 어쩌다가 사주팔자가 극단적으로 좋은 사람들이 있다. 그야말로 하늘에서 행운의 별이란 별은 전부 그에게 쏟아부은 것 같은 사람들이 있는 것이다. 하지만 나를 포함해 대부분의 사람에게는 최소한 한두 가지씩은 인생에서 결핍된 것이 있는 게 오히려 '정상적인' 사주팔자라고 봐야 한다.

쉬운 예로 우아하고 화려한 모양을 갖춘 찻잔으로 태어나고 싶어도 투박하고 모양 없는 밥그릇으로 태어날 수 있고, 눈부신 보석으로 태어나 모두에게서 찬탄의 눈길을 받고 싶어도 깊은 산속에 자리한 바위로 태어날 수도 있다. 그러나 한편으로는 우아한 찻잔이 투박한 밥그릇보다 깨지기 쉽고, 눈부신 보석도 욕심에 눈먼 사람들에게는 도둑질할 물건으로밖에 보이지 않을 수도 있다. 반면에 산속 바위가 그 자체로 수백 년을 꿈쩍 않고 버틸 수 있는 것은 그 나름의 장점이 된다. 중요한 것은 그처럼 누구의 인생에나 약간의 결핍이 있으면 또 약간의 보상도 따른다는 사실을 이해하고 받아들이는 것이 아닐까 싶다. 그것이 곧 안분지족의 삶에 가까워지는 길일 테고. 안분지족은 무언가를 포기하는 게 아니라 현재 이 시점의 나를 받아들이고 있는 그대로의 나를 수용하는 과정이기 때문이다.

삶에서 가장 힘든 것이 무엇인가? 바로 나에게 일어난 일을 받아들이지 못하는 것이다. 하지만 아무리 후회해도 이미 일어난 일이라는 것을 받아들이는 순간, 그 고통을 이겨낼 수 있는 힘이 생긴다. 흔히 바다는 메워도 인간의 욕심은 못 채운다고, 인생사 여러 문제는 바로 이 욕심과 기대치 때문에 생겨난다.

누군가는 모델 뺨치는 외모에 남들이 다 부러워하는 학교를 다니면서도 '예쁘다', '똑똑하다', '멋있다'라는 칭찬에 조금도 마음이 동하지 않는다고 한다. 남자친구가 자기 말고 다른 여자를 좋아할까 봐 전전긍긍하게 되는데, 본인도 그런 자신이 너무 싫다고 했다. 그녀에게는 여러 가지 원인이 있었지만 가장 큰 이유는 자기보다 더 뛰어나 보이는 누군가와 끊임없이 비교해 스스로를 불행하다고 여기는 것이었다. 우리가 인간관계에서 늘 불평불만을 늘어놓는 이유도 상대를 있는 그대로가 아니라 나의 기대치대로 보기 때문이다. 우리는 흔히 상대가 변했다고 원망한다. 하지만 생각해보면 변하기 이전의 그도 지금과 같은 사람이었다. 어쩌면 지금과 똑같은 행동을 그때도 했을지 모른다. 하지만 그때는 보고 싶지 않았거나, 눈에 씌워진 콩깍지 때문에 보이지 않던 것이 단지 지금에서야 눈에 띄기 시작한 것뿐이다. 즉 상대가 변한 것이 아니라 내 기대치가 변한 것인데, 우리는 그 사실을 고스란히 받아들이지 못하고 나의 기대치를 채워주지 못하는 세상과 상대를 원망한다.

언젠가 외출할 일이 있어서 방 안에서 구두를 신고 거울을 들여다본 적이 있다. 그런데 굽이 꽤 높은 구두를 신고 보니 그동안 보지 못했던 장 위의 먼지가 보이는 게 아닌가. 나는 시야를 어느 쪽에 두는가에 따라 많은 것이 보일 수도 있고, 그 반대일 수도 있다는 것을 새삼 깨달은 기분이었다. 무슨 일이나 관점이 중요한 것이라는 사실도 함께 말이다. 안분지족을 깨닫는 것이든 인간관계에서 기대치를 줄이는 것이든 결국 '삶은 결핍에서 시작한다'는 것을 이해하고 나의 관점을 바꿔 있는 그대로를 수용할 때 비로소 가능한 일이 아닌가 싶다. 물론 그 모자란 부분을 채워나가는 것이 내가 인생에서 해야 할 일인 것 또한 분명한 사실이다. 다만 그 과정이 힘겨운 만큼 조금은 실수를 줄이고 살아갈 수 있다면 좋겠지만, 그 또한 쉽게 허락하지 않는 것이 인생임을 어쩌랴.

그래서일까, 명리학을 공부하면서 내 삶의 흐름에 대해 어느 정도 이해하게 되자 가장 먼저 찾아온 것은 일종의 평안한 감정이었다. 물론 그 후로 장점은 살리고 단점은 보완하기로 하면서 삶에 놀라운 변화가 시작되었다고 말할 수 있으면 더 좋겠지만, 아직 거기까지는 아님을 고백해야겠다.

왜 우리는 불안할 때
가장 먼저 점집을 떠올릴까?

나는 정신의학을 공부할 때 우리 뇌가 99퍼센트 망가지고 단 1퍼센트의 기능만 남아 있어도 정신과 의사는 포기하지 않고 그 1퍼센트의 건강한 부분을 붙잡고 키워나가야 한다고 배웠다. 그런 의미에서 나는 정신의학이 희망의 학문이라고 생각한다. 물론 내가 만나는 사람 중에는 우울과 불안, 피해의식과 상처로 괴로워하는 사람이 훨씬 많다. 그렇게 따지면 정신의학에 희망적이거나 밝은 면보다는 어둡고 부정적인 측면이 훨씬 많지 않은가 하고 반문할 수도 있겠다. 하지만 그들에게 치유의 길을 열어주고 용기를 내게 해주어 다시 밝고 힘찬 발걸음을 내딛게 한다는 점에서 정신의학은 분명 희망의 학문이다. 세상을 원망하고 주위 사람을 미워하며 자신을 비하하던 사람이 "세상은 그대로인데 내가 변하니 그대로인 세상과 내가 다른 관계를 맺을 수 있군요"라는 말을 하면서 진료실을 나갈 때, 그와 내가 느끼는 기쁨은 말로 표현할 수 없다. 그리고 이는 명리학도 마찬가지라는 것을 나는 경험을 통해 이해하고 있다. 한 개인 앞에 놓인 상황이 지금 어떠하든지 간에 작은 희망이라도 잃지 않고 살아갈 수 있게 도움을 준다는 점에서 분명 그러하다.

앞으로 나아지리라는 희망이 없으면 우리는 어떻게 살아갈 수 있을까. 프랑스의 정신의학자 프랑소와즈 돌토는 "희망이 없거나 사랑이 부족하거나 신뢰가 깨지는 것은 인간의 존재에서 가장 중대한 시련이다. 고통은 사람들의 활력을 빼앗아가고 그의 몸과 마음은 물론 지성까지 죽게 만든다"라고 말했다. 아마 누구라도 그의 말에 전적으로 동의하지 않을 수 없을 것이다. 마치 사막에서 한 방울의 물이 한 생명을 살리듯이, 한 모금의 희망이 한 사람을 살리는 것을 나는 매 순간 경험하고 있다.

그런 의미에서 인간에게 불안은 가장 헤어나기 어려운 감정이다. 불안이란 한마디로 '위협을 감지하고 그 위협에 자신이 어떻게 대처해야 할지, 자신감을 갖지 못하는 상태에서 느끼는 감정'이라고 말할 수 있다. 우리는 어떤 방식으로든 내게 힘든 순간이 찾아올지도 모른다는 생각에 괴로워하고, 그 때문에 불안을 느낀다. 정신의학자 카렌 호나이는 현대인들이 느끼는 불안을 '무서운 세상에서 무서운 사람들에게 둘러싸여 있는데 자신은 아무것도 할 수 없다는 무력감'으로 정의하기도 했다.

내가 아는 사회부 기자는 아이를 밖에 내보낼 수가 없다고 호소했다. 아이가 엘리베이터를 타면 떨어질까 두렵고, 놀이터에 가면 행여 다칠까, 유괴될까 그저 모든 것이 불안하고 두렵다는 것이었다. 그러다가 자신이 교통사고를 당하자 이번에는 자기가 외출하는 것도 두렵다고 털어놓았다. 물론 원인의 반은 사회부 기자의 직업병 탓인 것 같다고 해 함께 웃고 말았다. 암 투병 중인 선배한 명은 자신도 같은 의사지만 수술을 받으러 들어갈 때마다 스태프로 참여한 젊은 의사들을 보면서 이 친구들이 수술은 제대로할 수 있을지 불안한 순간이 많다고 했다. 나도 마찬가지다. 언젠가 다쳐서 수술을 해야 했는데 정말 내가 아무 일 없이 깨어날 수있을까 하는 것부터 시작해 별별 걱정이 다 들었던 기억이 있다.

세상은 내가 있기에 존재한다. 그러므로 나의 앞날을 걱정하는 것은 당연한 노릇이다. 그리고 나를 포함해 자신의 행복한 앞날을 소망하지 않을 사람은 없다. 우리는 누구나 자신이 계획하는 모든 일이 내가 바라는 대로 진행되기를 기대한다. 또한 불행을 가져오는 인생의 변수에서 자신만은 예외이기를 바란다. 자신의 사업에는 실패가 없고 자신이 떠나는 길에는 그 어떤 사고도 없기를 바라는 것이다. 그러나 우리의 내면 깊숙한 곳에서는 그것이 비현실적인 소망이라는 것 또한 모르지 않는다. 남에게 일어난 일이 내게 일어나지 말라는 보장은 어디에도 없기 때문이다. 그래서 더욱 불안하고, 불안이 커질수록 미래를 알고 싶어 하는 욕구에서 더 벗어나지 못하는 것이다. 그러한 무의식적 불안감을 다스리기 위해 우리는 늘 누군가에게 위로를 받고 싶어 한다. "걱정 마, 잘될 거야. 그런 일은 일어나지 않아." 이 말을 듣고 싶어 하는 것이다. 그리고 그러한 위로에 증거를 찾고 싶어 한다. 그것은 사람들이 점을 보는 가장 큰 이유 중 하나다.

예언이나 점을 보는 이야기가 인류의 역사와 맥을 같이하는 이유도 그 때문이다. 서양 역사에서 점성술이 등장하고 아주 오래 전부터 인간을 가리켜 '점치는 존재(Homo Augurans)'라 이야기해 온 것도, 동양 역사에서 고대로부터 거북점을 치며 주역이 학문으로 자리 잡아 지금까지 이어져온 것도, 그 근본은 모두 불안에서 비롯되었다. 오죽하면 찰스 디킨스 시절 영국에서는 '호메로스(Homeros) 점'이라는 것이 유행한 적도 있다고 한다. 호메로스의 책을 아무 데나 펼쳐서 제일 먼저 눈에 띄는 구절을 가지고 앞날을 점치는 식이다. 물론 그 책이 그만큼 모든 인간사의 지혜를 담고 있었기에 가능한 일일 터였다. 더불어 불안이라는 '질병'이 그만큼 시대를 관통하며 인간을 힘들게 해왔다는 방증이기도 하다.

W. H 오든이라는 시인은 「불안의 시대」라는 시에서 인간의 삶을 일곱 단계로 나눈다. 1기는 순수하지만 불안전한 유아기, 2기

는 미래에 대한 희망이 가득한 청소년기, 3기는 꿈과 현실을 구분하는 성적 각성의 시기, 4기는 주체 못 할 정도의 육욕이 흘러넘치고 세상을 어릿광대의 우주로 보는 시기, 5기는 깜짝 놀랄 승리를 하지만 미래에 대한 희망을 지우는 중년기, 6기는 시간이 남긴 상처가 많은 노년기, 7기는 죽음을 맞이하는 시기다. 문제는 인생이 자신의 인심[人心, 공자는 사람의 마음에 두 마음이 있는데 하늘로부터 받은 천심(天心)인 도심(道心)과 인간의 욕심으로 만들어지는 인심이 있다고 하였다], 즉 기대치나 욕심대로 흘러가지 않는다는 걸 조금이나마 깨닫는 시기가 6기나 7기는 되어야 한다는 것이다. 그 전에 우리는 나이에 상관없이 2기나 4기에 머무른다. 그것이 자신의 환상임을 너무도 뒤늦게 깨닫는 것이다. 이를 조금이나마 일찍 알게 해주는 학문이 명리학이라고 할 수 있다.

언젠가 외국의 갑부들이 지구 멸망에 대비해 뉴질랜드에 지하 벙커를 설치한다는 기사를 보고 실소를 한 적이 있다. 그들이 두려워하는 일에는 외계인의 침공, 지구와 별의 충돌, 좀비 등으로 그 동안 SF 영화에서나 보던 것들이 나열되어 있었다. 그들처럼 돈이 많다면 현재를 즐겁게 누리면 될 일이었다. 그런데도 아직 일어나지도 않은 미래의 일로 불안해하며 지구 최후의 날에 살아남을 궁리를 하다니, 역시 인간은 불안의 동물이라는 생각이 들었다.

인간처럼 현재 이 시점에 살지 못하는 존재는 지구상에 없다.

인간만이 끊임없이 과거를 돌아보면서 자기 행동의 의미를 찾고 아직 오지 않은 미래를 걱정하며 불안해한다. 성경에서도 끊임없이 "내일 일어날 일을 걱정하지 말라"라고 하지만 우린 언제나 내일 일을 걱정한다. 그렇다고 내일 일을 알 수 있는 것도 아니다. 정말이지 일 분 일 초 후의 일도 알지 못하는 존재가 인간이다. 그래서 도(道)란 100퍼센트 '현재 이 시점에 집중하는 것'이라는 말이 있는지도 모른다. 문제는 그게 늘 쉽지 않다는 점이다. 그래서 우리는 늘 '과거에 내가 왜 그랬을까? 그때 다른 선택을 했더라면?' 하고 후회하고 미래에는 과연 내게 어떤 일이 일어날 것인지를 두고 고민한다.

정신의학에서 정신분석과 상담을 하는 이유도 과거 자신의 행동을 분석하고 그 이유를 알아 현재에 집중하기 위해서다. 하지만 많은 사람이 상담을 하면서 현재 이 시점에 충실하기보다는 미래에 내가 어떻게 될 것인가 하는 고민으로 끊임없이 불안해한다. 물론 나 자신도 예외는 아니다. 나 역시 현재에 집중하는 시간은 일할 때뿐이라고 해도 과언이 아니다. 그 밖의 시간에는 늘 과거에 대한 후회와 미래에 대한 불안으로 괴롭다.

철학자 하이데거는 인간을 가리켜 세상에 '던져진 존재'라고 단언했다. 나는 바로 거기서부터 인간의 실존적인 불안이 시작된다고 생각한다. 더욱이 현재 이 시점의 나의 행동과 선택이 내가 알지 못하는 미래의 어느 한때를 결정한다고 깨닫는 순간, 삶에서 불안은 더욱 극대화될 수밖에 없다. 그 불안감에 압도되지 않으려면 매 순간 나를 다스리는 방법이 필요하다. 가장 좋은 방법은 어떤 경우에도 희망을 잃지 않는 것이다. 인간이란 존재에게 희망은 어둠을 밝히는 등불이기 때문이다. 물론 이 말이 얼마나 진부하고 상투적으로 들릴지도 잘 안다. 그러나 진실을 말하고 있다는 것 또한 명백한 사실이다. 희망에 대한 확신이 없는 상태가 곧 불안이기 때문이다.

다만 등불도 지나치게 밝으면 오히려 앞이 더 보이지 않듯이, 희망과 그에 따른 해결 방법도 현실에 적절하게 근거를 두고 있어야 한다. 그것이 정신의학에서는 인지치료에 해당한다. 내 생각 중에 잘못된 부분은 무엇인지, 그리고 그것을 바로잡을 방법은 무엇인지를 찾아가는 과정이다. 명리학에서는 운의 흐름을 통해 내 삶의 윤곽을 알아보는 것이라고 할 수 있다. 예를 들어 수십 년간 노력했는데도 미래가 보이지 않는다는 절망감에 고통받는 사람이 있다고 하자. 진이 다 빠져버린 그에게 "절망감에 사로잡혀 있을 시간에 어떻게든 현재의 위치에서 도약할 방법을 찾아보라"라고 한들 별 도움이 되지 않는다. 그럴 때는 차라리 "몇 년 후에는 좋은 일이 일어날 거야"라고 희망을 주면 오히려 견딜 힘을 찾는다. 인간은 그런 존재다. 불안한 심리를 극복하고자 하는 실존적인 노력, 그것이 '점치는 존재'로서의 인간을 만드는 가장 큰 원인이 아닐까 싶다.

원망과 분노에서
조금은 자유로워지다

내 아이가 학교를 졸업하고 원하는 곳에 취직이 안돼 힘들어할 때의 일이다. 나는 아이에게 "인생은 직선이 아니다. 네 뜻대로 되는 일보다 안 되는 일이 더 많다는 것을 빨리 깨달을수록 네 삶이 조금은 더 쉬워진다"라는 의미의 말을 해주었다. 당연히 아이는 별 반응이 없었다. 물론 그것은 명백하게 옳은 말이다. 하지만 젊은 날에는 받아들이기가 결코 쉽지 않은 말이기도 하다. 아마도 내 아이 역시 그러했을 것이다. 결국 삶의 진실은 나이가 들어 더 이상 그런 충고가 필요 없을 즈음에야 귀에 들어오는 것이기 때문이다. 그러한 아이러니를 알 때쯤이면 인생에서 겪는 분노나 원망에서도 어느 정도 자유로워져야 하는데, 꼭 그렇지만도 않은 것은 또 다른 아이러니인지도 모르겠다.

다행스럽게도 나는 명리학을 공부하면서 예전에 비해 원망이나 분노에서 어느 정도 자유로워질 수 있었다. 그런 사례는 내 주변에도 꽤 많다. 언젠가 가까운 지인에게 어느 해가 안 좋으니 매사에 조심하라고 조언을 해주었다. 나는 평소에 좋은 일은 말해주지만 나쁜 일은 말해주지 않는 것을 원칙으로 하고 있다. 내가 살아보니 안다고 해서 그것을 피해갈 방법은 없다는 것을 경험했기 때문이다. 그처럼 피할 수도 없는 것을 일찍 알게 되면 오히려 예기불안으로 더 좋지 않은 결과만 초래할 가능성도 있다. 하지만 그러기에는 너무 가까운 사이라 그에게는 조언을 해주지 않을 수 없었다. 문제의 그해가 다가오자 그는 매일 내가 해준 말을 마음에 새겼다고 한다. 그런데 참 흥미로운 것이 일이 한번 잘못되려면 마치 물이 하수구로 몰려서 한꺼번에 빠져나가는듯 그렇게 한순간에 잘못되는 모양인가 보다. 그가 바로 그랬다. 이상하게 평소에는 결코 하지 않았을 행동을 일련으로 하게 되더라는 것이다.

당시에 그는 사업상 큰 계약을 앞두고 있었다. 평소 같았으면 돌다리도 몇 번씩이나 두드리며 건넜을 그답게 계약 내용을 꼼꼼하게 살폈을 터였다. 그런데 그날은 무슨 바람이 불었는지 상대가 제시하는 조건에 일언반구도 하지 못하고 무언가에 홀린 듯이 계약서에 도장을 찍었다. 물론 그의 무의식에는 이번 계약이 성사되지 않았을 때 회사가 곤란한 처지에 놓일 수도 있다는 두려움이 자리 잡고 있기는 했다. 도장을 찍고 나서야 그는 아차 싶었다. '내가 지금 무슨 짓을 한 거지'라는 생각이 들면서 거의 죽고 싶은 심정이 되었다고 했다.

그가 가장 견디기 힘들었던 점은 자신조차 왜 그랬는지 이해가 되지 않는 것이라고 했다. 마치 상대의 강한 기에 그대로 빨려 들어가는 느낌이었다는 것 외에는 달리 설명할 방도가 없다고 했다. 정신을 차린 후에 계약을 해지할까도 생각해봤지만 당연히 법적으로 문제가 생길 터였다. 일을 그르친 자신에 대한 분노와 자책감으로 괴로워하던 그는 문득 내가 해준 이야기를 떠올렸다고 한다. 그러자 순간적으로 '이걸로 올해의 나쁜 기를 몰아낸다고 생각하자'는 마음이 들면서 조금은 편안해지는 기분이 들었다고 했다. 그는 나중에 이 이야기를 들려주며 내게 고맙다는 말을 덧붙였다. 아마 내가 해준 이야기가 아니었다면 자신을 더욱 괴롭히면서 더 나쁜 쪽으로 생각했을 텐데, 그러지 않아 천만다행이라는 것이었다.

그의 사례에서도 볼 수 있듯이 명리학은 우리로 하여금 내게 일어난 현실을 그대로 수용하게 해준다. 흔히 '수용'이라고 하면 마치 수동적인 자세로 더 이상 노력을 하지 않는 상태라고 생각하는 경향이 있다. 그러나 수용이란 과거의 내 모습이 어찌 됐든 그것은 이미 흘러간 것이고 현재의 시점에서 다시 시작한다는 것을 의미한다. 앞서 사례를 통해 본 사람도 자신의 실수를 수용하면서 현재 시점에서 다시 시작할 용기를 낼 수 있었던 것처럼.

정신의학적으로도 그 사람의 정신적 건강함을 아는 요소 중에는 책임감과 자기수용의 요소가 크게 작용한다. 책임감이란 내 인생은 내가 선택하는 것이므로 그 결과도 오로지 내 책임이라는 마음이다. 한편, 자기수용이란 있는 그대로의 자신을 받아들이고 그 과정에서 장점은 살리되 단점은 보완하려고 노력하는 자세를 말한다. 특히 자기 자신을 있는 그대로 수용하는 태도는 삶에서 매우 중요한 요소 중 하나다.

많은 사람이 스스로를 마음에 들어 하지 않는다. 옆을 보면 늘 나보다 더 잘하는 사람들이 있어서 기가 죽는다. 그런데 또 나보다 못한 점이 한두 가지가 아닌 친구가 하는 일마다 잘 풀리는 꼴을 볼 때면 그것도 화가 나서 견딜 수가 없다. 그렇게 되지 못하는 내 인생이 또 너무 싫다. 우리는 원하는 것이 너무 커서 달성할 수 없다는 것을 알기에 시작조차 못하고, 그러면서 자포자기하는 자신을 책망한다. 나는 오로지 살아남기 위해 없는 돈을 써가며 학원에 다니는데 누구는 취미생활로 다니는 걸 보면 거의 살인적인 분노를 느낀다는 사람도 있다. 매스컴의 기사를 봐도 그렇고, 상담 중에도 그렇고, '이번 생은 망했다'고 이야기하는 사람이 점점 많아지고 있다.

어느 시인의 말처럼 '나의 천적은 바로 나'인 경우가 그 밖에
도 수없이 많다. 나 자신도 어느 때는 내가 싫다. 좀 더 용기가 있
었더라면, 좀 더 현명했더라면 생각하지만 결국은 현재 이 시점
에 서게 한 것도 바로 나 자신임을 받아들일 수밖에 없다. 전적으
로 내 책임이다. 씁쓸하지만 그것을 받아들여야 한다. 나 역시 젊
은 날에는 내가 꿈꾸는 대로 모든 일이 다 잘될 것이라고 생각했
다. 하지만 노력하면 되는 것이 있고 노력해도 안 되는 것이 있다
는 것을 받아들이면서 과거에 대한 후회로부터 조금은 가벼워질
수 있었다. 그렇지 않고 계속해서 자책과 후회에 머물렀더라면 해
결되는 것은 아무것도 없이 마음속에 분노와 원망만 쌓여갔으리
란 것을 누구보다 내가 잘 안다.

거기서 조금 더 나가면 투사의 방어기제(뒤에서 더 자세히 설명하
겠다)가 가동되면서 분노를 터뜨리고 원망할 대상을 찾게 된다.
언젠가 상담하러 와서는 처음부터 끝까지 우리나라 욕만 하던 사
람이 있었다. 흥분한 탓에 중간에 말을 끊기도 어려울 정도였다.
흥미로운 것은 그가 상담 끝에 가서는 "당신은 왜 내가 화내는 것
을 말리지 않았느냐?"라며 나에게 또 화를 냈다는 점이다. 화를
낸다고 상황이 달라진다면 좋겠지만 그런 일은 일어나지 않는다.
그런 경우 사회를 탓하고 남을 탓하기 전에 힘들어도 거울 앞에
서서 자기를 들여다보듯이 자신의 마음속 생각들과 직면해야 한
다. 하지만 그렇게 하기가 참 쉽지 않다. 수용의 문제가 생기는 것

도 그 때문이다. 예를 들어 인간관계가 힘들다고 찾아온 사람에게 당신은 심리검사 결과 배려심이 낮고 공격적인 성향이 높은 것이 원인이라고 하면 곧장 화를 낸다. 늘 주목받고 싶어하는 사람에게 당신에게 그런 성향이 있다고 하면 역시나 받아들이지를 못한다. 심리검사의 모든 결과가 그렇다고 설명해주어도 별 소용이 없다. 자신의 현재 모습을 수용하면서 마음에 들지 않는 부분은 바꾸려고 노력해야 하는데, 그 대신 세상이 자신에게 맞춰주기만을 바라는 면이 너무 높기 때문이다. 그러나 상대 쪽에서도 똑같이 내가 아닌 다른 사람이 변해주기를 바라는 경우가 대부분이라서 문제는 해결되지 않는다. 그러므로 현재 여러 가지 문제를 안고 있어도 그것이 지금의 내 모습이라는 것을 먼저 받아들일 필요가 있다. 그래야 그다음으로 이어지는 발걸음을 내딛을 수 있다. 그동안 상담을 해오며 느낀 점은 사람들은 정말 자신을 변화시키기를 거부하고 두려워한다는 사실이다. 자신을 바꾸는 일이 가장 큰 스트레스이기에 누구도 그 힘든 길을 가고 싶어 하지 않는다.

언젠가 상담 중에 "세상이, 사람들이 날 이해해주기를 바란 것뿐이다"라는 의미의 말을 한 사람이 있었다. 그에게 "세상과 사람들이 왜 당신을 이해해주어야 하는가? 다들 바빠서 남을 이해할 시간이 없다. 결국에는 내가 나를 이해시키고 세상으로 나아가는 길밖에 없다"라고 말해주었다. 그는 깊이 공감하면서 자신의 문제를 돌아보았다. 그 역시 스스로를 수용하면서 분노와 원망에서 어느 정도 벗어날 수 있었던 것이다. 그리고 그러한 경험이 쌓여 갈 때 우리는 비로소 좀 더 큰 자유를 느낄 수 있다. 그것은 나 역시도 마찬가지다.

삶의 무게를
품위 있게 내려놓는 법

나는 이 책에서 운명론을 주장할 생각은 없다. 그러나 운명의 여신 포르투나(Fortuna)가 한번 마음을 먹으면 그 손길을 피해갈 수 없다는 것을 우리는 잘 안다. 극작가 요한 폰 실러는 이를 두고 "이 세상에 우연이란 없다. 아무리 사소하게 보이는 일도 운명의 저 깊은 곳에서 흘러나온다"라고 말했다. 운명에 대해 누구보다 많은 글을 남긴 세네카는 "만약 이 세상 어딘가에 운명의 여신의 손길이 닿지 않는 안전한 곳이 있다고 믿는다면 큰 잘못이다. 자연은 그와 같이 정지된 것은 아무것도 창조하지 않았다"라고 말했다. 셰익스피어 또한 『안토니와 클레오파트라』에서 "시저는 운명의 노예다"라는 말을 남겼다. 우리식 속담으로 바꾸면 '팔자 도 망은 못한다'쯤에 해당하겠다.

우리의 집단 무의식에 '팔자소관'이라는 말이 각인되어 있다면, 저 옛날 로마인의 집단 무의식에는 운명의 여신 포르투나가 존재 했다. 그녀는 로마 시대에 수없이 많은 동전의 뒷면에 새겨지며 그 시대 민중의 삶에 영향을 미쳤다. 그녀는 한 손에는 풍요의 뿔 을, 다른 한 손에는 방향타를 잡고 있었다고 한다. 풍요의 뿔은 그 녀가 마음먹은 누구에게나 행운을 베푸는 힘의 상징이었다. 반대 로 방향타는 그녀의 마음대로 누군가의 운명을 바꿀 수 있는 힘 을 나타냈다. 그래서 셰익스피어는 또 이렇게 말하고 있다. "운명 은 키를 잃은 배와 같다"라고.

그 시대 사람들은 불운한 운명에 부딪히면 자신이 포르투나로 부터 선택받지 못했다고 생각했다. 그리하여 절망하거나 아니면 조용히 운명의 부침(浮沈)을 받아들였다. 예를 들어 스토아철학의 창시자인 제논은 배가 조난당해 모든 짐이 바다에 빠졌다는 사실 을 확인하고는 이렇게 말했다. "운명의 여신이 내게 물질의 방해 에 초연한 철학자가 되라고 명령하는 것이로군." 당시 제논의 뒤 를 이은 스토아학파 철학자들 역시 갑작스러운 빈곤이 닥치면 모 든 것을 뒤로하고 조용히 집을 떠나는 것을 원칙으로 삼았다고 한다.

하지만 우리는 제논처럼 되기 어렵고 젊은 날에는 더욱더 그러한 운명의 손길을 인정하기가 쉽지 않다. 하지만 운명의 부침에 관해서라면 우리는 일상으로 그것과 마주한다고 해도 과언이 아니다. 그럼에도 불구하고 그 순간의 불행과 비극 앞에서 익숙해질 수 있는 사람은 결코 없다. 그것 또한 우리가 안고 가야 할 삶의 무게인지도 모른다. 그래서 나는 차라리 현실에서 일어나는 비극보다는 소설 속 인물의 사례에 대입해보기도 한다.

버락 오바마와 빌 게이츠가 굉장한 독서가인 건 잘 알려진 사실이다. 해마다 자신들이 읽은 책 몇 권을 추천도서로 선정해 알리는 것으로도 유명하다. '책 읽기의 힘'에 보탬이 되는 일인 만큼, 나처럼 활자중독인 사람에게는 반가운 일이다. 그 두 사람의 추천도서 목록에 나란히 오른 소설 한 권을 최근에 읽었다(시간이 없다 보니 무려 한 달여에 걸쳐서 읽긴 했지만). 미국 작가 에이모 토울스의 장편소설 『모스크바의 신사』가 그것이다. 다른 사람들은 어떨지 몰라도 내가 이 책을 읽고 나서 가장 먼저 떠올린 것은 운명의 여신 포르투나의 손길에 관한 것이었다.

소설의 주인공은 30대 러시아 귀족 알렉산드르 로스토프 백작이다. 모스크바에 자리한 메트로폴 호텔의 스위트룸 장기 투숙자로 문자 그대로 화려한 귀족의 삶을 살아가고 있었다. 하지만 볼셰비키 시절의 러시아에서 귀족의 삶이란 이미 비극에 한 발을 들여놓고 있는 셈이었으니, 그 역시 예외는 아니었다. 몇 년 전에 쓴 시 한 편이 볼셰비키의 눈 밖에 나는 바람에 종신 가택연금형을 선고받게 된 것이다. 여기서 그가 연금된 가택은 다름 아닌 호텔이었다. 물론 화려한 스위트룸 대신 창고로나 쓰면 알맞을 방한 칸이 제공되었다. 호텔 안에서는 마음대로 다녀도 되지만 한 발자국이라도 밖으로 나가는 날에는 당장 총살형이 그를 기다리고 있었다. 완벽하게 화려하고, 완벽하게 품위로 가득 차 있던 귀족의 삶이 포르투나의 손길에 의해 하루아침에 죄수의 삶으로 전락한 것이다.

그가 택할 수 있는 것은 두 가지밖에 없었다. 자살하거나, 살아남거나. 만약 그가 약간이라도 부정적인 사람이었다면 그 당장에 스스로 목숨을 끊었을 것이다. 하지만 포르투나의 무자비한 손길에도 그는 거의 낭만적이라고 할 만큼 완벽한 긍정주의를 택한다. 호텔의 작은 방에 연금된 상태로도 자신만의 인간관계와 할 일을 찾아 밝게 살아가기 시작한 것이다. 백작 시절의 품위를 조금도 잃지 않은 채, 아니 오히려 그때의 도움을 받아 그는 호텔 식당에서 수석 웨이터로 눈부신 활약을 한다. 장소가 호텔인 만큼 그 밖에도 크고 작은 에피소드들이 읽는 재미를 더한다. 물론 내가 조금 길다 싶게 이 소설을 인용한 것은 단순히 내용 때문이 아니다. 어떻게도 할 수 없게 한 사람의 인생을 곤두박질치게 한 운명의 힘에 관해 더없이 많은 생각을 하게 만들었기 때문이다.

나는 버락 오바마나 빌 게이츠가 이 책을 추천한 이유도 어렴풋이 알 것 같다. 만약 자신들이 '그와 같은 처지가 된다면' 하고 대비해보는 순간 그 운명의 롤러코스터를 감당하지 못할지도 모른다는(최소한 주인공처럼 끝까지 품위를 지키지는 못할 것이라는) 자각이 너무도 뚜렷하게 눈앞에서 떠올랐기 때문은 아닐까.

흔히 '왕관을 쓰고 살든, 머슴으로 살든 운명의 여신이 가져오는 고난은 혼자서 묵묵히 견뎌내는 것만이 최선'이라고들 한다. 하지만 막상 그런 일이 닥쳤을 때 과연 그 말대로 살아갈 수 있는 사람이 얼마나 될까? 그리고 포르투나의 손길이 됐든 팔자소관이 됐든, 그 앞에서 내 존재 전체가 흔들리는 경험을 하게 된다면 누구인들 내 앞에 놓인 운명의 흐름이 궁금하지 않겠는가.

명리학은 일명 '운명학'이라고도 한다. '사주추명학(四柱推命學)'이라고도 하는데 말 그대로 사주를 가지고 하늘에서 받은 자신의 삶의 이치를 추론한다는 뜻이다. 운명이라는 한자어도 알고 보면 매우 흥미롭다. '움직일 운(運)'에 '목숨 명(命)'으로 운명 역시 변한다는 의미를 담고 있다. 세상에 변하지 않는 것은 아무것도 없다. 우리의 삶도 마찬가지다. 태어나서 죽는 날까지 우리는 끊임없는 변화의 과정을 거친다. 그 변화를 기록한 것이 운이다. 즉, 운이라는 것은 우리가 생명체로서 매 순간 변화하는 삶을 산다는 뜻이다. 그리고 어떤 삶도 그 흐름이 같은 경우는 없다. 그것이 운명이다.

어느 모임에서 누군가가 '우리의 운명은 모든 것이 처음부터 끝까지 다 정해져 있다'는 말을 해서 내가 그것은 아니라고 이야기한 적이 있다. 물론 자연에서도 씨에 따라 장미꽃이 될지, 목련화가 될지 결정된다. 그리고 그 꽃의 운명에 따라 누구의 정원에서 화려하게 필지, 아니면 피기도 전에 버려질지가 정해진다. 동물만 하더라도 누구는 사자로 태어나고, 누구는 치타로 태어난다. 하지만 그 운에 따라 누구는 사자의 우두머리가 되고, 누구는 성장하기도 전에 물소 발에 밟혀 죽기도 한다. 하지만 인간에게는 그러한 자연의 운명 외에 '자유의지'라는 것이 있다. 가난한 집에서 태어나도 그것을 원망하지 않고 받아들이며 자기를 발전시키려 노력하면 그 운이 달라질 수 있다. 그것이 바로 자유의지다. 왜 하느님은 인간에게 자유의지를 주었을까? 아마도 그분 역시 자유의지에 따라 신을 찾는 존재가 필요했기 때문이 아닐까. 수동적으로 순종하는 것보다는 능동적으로 신을 찾기를 기대하는 마음으로 인간에게 자유의지를 준 게 아닌가 싶은 것이다. 그런 의미에서 나는 운명론은 반만 진실이라고 생각하고 싶다.

살다 보면 누구나 어느 한때 포르투나의 불운한 손길에서 벗어나기 어려운 시기를 겪는다. 그렇다면 결국 살아남는 방법은 잘나갈 때 겸손함을 잊지 않고, 그렇지 않을 때도 희망을 갖고 앞으로 나아가는 길밖에는 없는 셈이다. 그런 의미에서 명리학은 수용의 학문이다. 수용하면 마음이 편하다. 그게 나인데 어쩌라고 싶은 마음도 생겨나면서 이상하게 그다음에는 좀 더 자신을 발전시키고 성장시키고 싶은 마음이 드는 것이다. 인생의 모든 문제는 자신에게 일어난 일을 받아들일 수 없기 때문에 생겨난 것이기도 하다. 하지만 받아들이지 못한다고 해서 달라지는 것은 없다. 다시 한번 세네카의 표현을 빌리자면 "삶 전체가 눈물을 요구하는데, 그 단편을 놓고 흐느껴봐야 소용이 없는 것"이다.

결국 남에게 일어나는 힘든 일이 내게도 일어날 수 있으며 그게 인생이라는 것, 단지 누구에게나 일어날 수 있는 일이 확률적으로 나에게 일어난 것뿐임을 받아들인다면 삶의 무게를 조금은 내려놓을 수 있지 않을까. 모스크바의 신사가 보여준 것처럼 가능한 한 품위를 잃지 않고 그럴 수만 있다면 인생에서 더 바랄 것이 없으리라.

왜 바람둥이는 무사한데
딱 한 번 바람 피운 사람은
그렇지 못할까?

흔히 '한 번도 바람 피우지 않은 남자는 있어도 한 번만 바람 피운
남자는 없다'고 말한다. 물론 그건 여자도 마찬가지다. 그리고 이
러한 외도에 관해서는 DNA의 영향이 없다고도 할 수 없다. 그래
서 위와 같은 말도 생겨났을 것이다. 언젠가 스티븐 킹이 자기네
부부는 일부일처제의 천성을 타고났다고 쓴 글을 어디선가 읽은
기억도 있다. 당시에 나는 '그래, 그것도 타고나야지' 하며 쓰게
웃었던 것도 같다.

　그런데 정말 그것은 천성을 타고나거나 DNA에 있어야 가능한
일일까? 적어도 명리학에서는 '그렇다'고 말한다. 사람들 중에는

'다른 바람둥이들은 아무리 바람을 피워도 한 번을 걸리는 걸 본 적이 없는데 나는 어찌 된 셈인지 딱 한 번 바람 피운 게 들켜서 평생 혼쭐이 나고 있다'고 불평하는 경우가 있다. 재미있는 것은 그와 같은 상황 역시 명리학적으로 해석이 가능하다는 점이다. 실제로 그런 '운명'에 처하는 사람들이 따로 있다는 이야기다.

대부분의 사람이 자기 사주에서 가장 궁금해하는 것은 결국 재물과 무병장수, 이성에 관한 운이다. 하나 흥미로운 것은 남자의 사주에서 재물운과 이성운은 이를 상징하는 글자가 같다는 점이다(페미니즘 측면에서 볼 때는 분명 받아들이기 어려운 발상이다. 그런데 실제로 풀이를 해보면 그것이 맞는다는 것을 또 인정하지 않을 수 없다). 셰익스피어가 "사랑은 미친 짓이다"와 "돈으로 못 할 일은 없다"라는 말을 괜히 남기지 않았듯이, 꼭 필요하지만 한편으로는 위험한 집착으로 변하기도 하는 것이 바로 돈과 이성에 관한 것이다. 명리학에서는 이 두 가지가 위험한 만큼 자기가 그것을 컨트롤할 능력도 지녀야 한다고 말한다. 그것이 가능하기 위해서는 일단 자신을 상징하는 오행[그것을 일간(日干)이라고 한다]의 기운이 건강해야만 한다. 그리고 내게 돈을 뜻하는 글자의 힘도 강해야 한다. 그것을 명리학에서는 '신왕재왕(身旺財旺)'이라는 말로 표현하고 있다. 즉, 나를 뜻하는 기운도 강하고 재물운도 강해야만 그 위험한 것을 별 탈 없이 내 것으로 만들 수 있다는 의미다.

그런데 나를 뜻하는 오행의 기는 약한데 재물을 뜻하는 글자가 강한 경우에는 돈이 생기면 문제가 일어난다. 이성이 생길 때도 마찬가지다. 재정적으로 아무 문제가 없으면 이성으로 인해 큰 변고가 생길 수 있다. 평생에 딱 한 번 피운 바람이 들키는 것도 바로 그런 연유에서다. 그때 '바람둥이는 다 놔두고 왜 하필 나야!'라고 괴로워한들 별 소용이 없다. 내 오행의 기가 약하고 흐름상 그럴 수밖에 없는 것을 어쩌겠는가.

지인 중에 사업으로 큰돈을 번 사람이 있었다. 그런데 그가 내게 찾아와 자기 사주가 몹시 궁금하다고 했다. 이미 앞에서 말했듯이 나는 나쁜 이야기는 가능한 한 하지 않으려고 한다. 그런데 그 사람 역시 나와는 잘 아는 사이라 모른 척하기가 어려웠다. 하는 수 없이 그에게 "더 이상의 재산은 당신이 감당하기 어렵다. 그러니 이쯤에서 욕심을 내지 말고 있는 돈만 잘 간수하도록 애쓰는 것이 좋겠다. 그것만으로도 평생 아무 걱정 없이 잘 살아갈 수 있지 않은가" 하고 이야기해주었다.

그의 사주야말로 자신을 뜻하는 글자의 힘은 강하지 않으면서 중년부터 노년까지가 모두 이성과 돈을 뜻하는 글자로 둘러싸여 있었다. 그런 사주의 경우 '흔들리는 땅에는 물이 고일 수가 없다'는 말 이상으로 적절한 표현도 없다. 나는 절실한 심정으로 그에게 앞으로 어떻게 처신하는 것이 가장 도움이 될지에 관해 이런저런 이야기를 해주었다. 하지만 그런 경우 일이 잘못되려면 자신에게 꼭 필요한 조언은 귀에 들어오지 않는 것이 또 하나의 세상

이치인 모양이다. 그는 욕심을 내서 무리하게 사업을 확장했다. 처음에는 꽤 잘되는 것처럼 보였으나, 곧 사업은 급속도로 기울기 시작했다.

더욱이 사업이 잘된다고 여겨질 무렵 그는 외도까지 하고 말았다. 문제는 상대 여자가 사기꾼 기질마저 있었던지 그에게서 큰돈을 받아내 잠적하고 말았다. 그 일로 충격을 받아 어찌할 바를 모르고 있던 와중에 아내마저 그 사실을 알게 되었다. 결국 이혼 말이 오가면서 결혼 생활도 거의 파탄 지경에 이르렀고 사업도 엉망이 되고 나서야 내가 해준 조언이 떠올랐다고 했다. 그의 사례는 나로서도 매우 안타까운 일이었다. 그 모습을 보면서 역시 자기가 넘지 말아야 할 경계선이 어디쯤인지 분명히 아는 것보다 중요한 것은 없다는 생각을 할 수밖에 없었다. 그러면서 새삼 운명의 흐름은 어찌할 수 없단 말인가 하는 생각에 비장한 기분마저 느꼈던 기억이 있다.

자기 사주에 재물을 상징하는 글자가 아예 없는 경우에도 큰돈이나 이성이 생기면 문제가 일어난다. 그것을 무재(無財) 사주라고 한다. 그런데 심리학적으로도 자신이 소유하지 않은 것에 대한 열등감으로 인해 그것에 더 집착하는 것처럼(예를 들어 학벌 콤플렉스가 있는 사람은 학벌에, 외모 콤플렉스가 있는 사람은 외모에 집착하는 것처럼) 사주에 자신이 갖고 있지 않은 글자에 더 집착하는 사람들이 있다. 그래서 무재 사주의 남자들 중에 여자나 돈에 집착하다가 결국 사귀는 여자들에게 늘 사기당하며 살아가는 사람들이 있다. 물론 이것은 여성들에게도 해당한다. 자기 사주에 재물을 뜻하는 글자가 없는 경우 '난 남자를 볼 때 다른 것은 다 필요 없어. 오로지 돈만 많으면 돼' 하다가 그 '돈 많은 남자'로 인해 문제가 생기는 것도 마찬가지다. 흥미로운 것은 그러면서도 스스로는 늘 자신이 그런 면에 담백하다고 생각하는 경우가 많다. 하지만 자기가 감당할 수 있는 힘을 가진, 즉 일간이 튼튼한 경우라면 가끔 무재 사주라도 재물운이 들어오는 때를 만나면 큰돈을 만지기도 한다. 결국 내가 감당할 수 있는 것만 바라봐야 하는 것이 인생의 정답인지도 모른다. 문제는 그것을 깨달을 때는 이미 인생의 대부분을 살아낸 다음이라는 것이다.

그 남자 그 여자가
반하게 된 진짜 이유

내가 몇 년 전에 펴낸 책 『나는 외롭다고 아무나 만나지 않는다』
는 옛날식 표현을 빌려 말하자면 일종의 '사랑학 개론'이다. 이 책
에 나는 여전히 큰 애정을 갖고 있어서 독자들의 피드백에도 관심
이 많다. 특히 그중에서도 '이성 간의 무의식적 끌림'에 대한 부분
에 흥미를 느꼈다거나 공감한다는 이야기를 해오는 독자들이 가
끔 있다. 나는 이 책에서 남자와 여자가 서로에게 무의식적으로
끌리는 데는 대략 두 가지 이유가 있다고 썼다.

책을 보지 않은 독자들을 위해 내용을 간추려 재인용하자면 대
략 이렇다. 첫 번째 이유는 서로의 내면에 있는 남성성과 여성성

때문이다. 남자의 경우 자신 안에 있는 여성성과 비슷한 특성을 가진 여자에게 끌린다. 반면 여자는 그 반대다. 두 번째 이유는 내면에 자리 잡고 있는 우월기능과 열등기능 때문이다. 이때 우월기능은 대체로 우리의 의식세계에 작용하며, 열등기능은 무의식에 자리한다. 우월기능보다는 열등기능이 우리에게 훨씬 더 많은 영향을 미치는데, 이에 따라 우리는 자신의 열등기능을 보완해줄 수 있는 사람에게 자신도 모르게 더 끌리게 되어 있다. 즉, 사고기능이 열등한 사람은 반대로 그 기능이 우월한 사람을 선택할 확률이 높은 것이다. 그리고 바로 그런 이유로 우리는 연애할 때 나와 정반대의 성격을 가진 사람에게 더 끌린다. 다시 말해 자기가 가진 열등감을 보완해줄 것 같은 사람을 만날 때 더 이끌리는 것이다. 예를 들어 내가 이성적이면 대개 상대는 감성적인 사람을 찾고 내가 감성적이면 합리적이고 냉정한 사람을 좋아한다.

주변에서 보면 남자와 여자 모두 대단히 매력적이고 괜찮은데, 이상하게 당사자들은 서로에게 별다른 호감을 느끼지 못하는 경우가 있다. 역시 앞서 이야기한 두 가지 이유일 가능성이 가장 크다. 이것은 곧 나한테 호감을 표현하지 않는 이성이 있다고 해서 내가 매력적이지 않다는 뜻은 아니라는 걸 나타낸다. 그러니 설령 그런 일이 있다고 해서 굳이 마음 상할 필요가 없다.

문제는 많은 커플이 자신과 정반대의 타입에게 반해서 연애를 시작하지만, 머지않아 바로 그 다름 때문에 괴로움을 맛볼 가능성이 거의 99퍼센트라는 점이다. 하지만 그건 나중의 일이고 처음에는 다 그 다름 때문에 상대방에게 더 이끌리는 것은 어쩔 수 없다. 불행한 결혼 생활로 상담을 청해온 여성에게 남편을 선택한 이유를 물어보았다. 자신은 공부에 흥미가 없었는데 상대가 너무 지적이고 공부를 좋아하는 모습이 마음에 들었다고 했다. 그런데 결혼을 해보니 그 지적이라는 게 너무나 차갑고 냉정한 모습의 표현이라는 것을 비로소 깨달았다고 했다. 그런 것을 소재로 한 소설이나 드라마, 영화가 세월의 흐름에 상관없이 여전히 만들어지고, 또 나름대로 인기를 얻고 있는 이유도 바로 그 때문이 아닐까 한다.

　더욱 흥미로운 것은 그 진짜 이유를 오행에서도 찾아볼 수 있다는 점이다. 처음 명리학을 공부할 때의 일이다. 그 공부를 먼저 한 선배에게 내 사주를 봐달라고 조른 적이 있었다. 그때 선배가 "대체 그 조급한 성정은 어디서 나왔을까?" 하더니 내 사주를 보고는 그 이유를 알 것 같다고 말했다. 나를 상징하는 오행이 '임수(壬水)'였던 것이다(자신의 사주를 간략히 풀이하는 방법은 3장에서 다룬다). 그것을 자연현상에 비유하면 '여름날의 바닷물'이다. 그러니 급한 건 말할 것도 없고 일을 아침저녁으로 뜯어고치는 조변석개(朝變夕改)하는 면마저 없다고 할 수 없었다. 그것은 정신과적으로 풀면 일단 불안의 심리가 크기 때문이었다. 물론 나는 나의 그러한 면을 잘 알고 있었다. 하지만 단지 불안의 심리만으론 내 성격의 특성을 다 묘사할 수 없었는데 명리학을 공부하면서 그 퍼즐이 맞춰진 기분이었다.

내 사주에는 더 이상 물을 뜻하는 오행이 필요하지 않다. 이미 여름날의 바닷물이니 물은 차고 넘친다. 그렇다면 그 물이 궁극적으로 어떻게 해야 하늘에 닿을 수 있을까? 그것은 바로 나무를 통해서만 가능하다. 물은 땅에서 나무를 타고 올라가 하늘로 날아간다. 따라서 나무를 뜻하는 오행이 내게는 나의 꿈을 펼치는 과정을 상징한다. 실제로 나는 어린 시절부터 물가보다는 나무가 좋고, 바다보다는 숲이 좋았던 기억이 훨씬 더 많다. 어딘가 놀러 가거나 여행을 간다고 하면 지금도 숲을 먼저 떠올린다. 여름에도 바닷가나 강이 있는 곳으로 휴가를 갈 생각은 하지 않는다. 그런데 오행에 대해 알아가면서 내가 왜 그럴 수밖에 없었는지 마침내 그 까닭을 알게 된 것이다. 말하자면 나무나 숲을 좋아하는 것은 나의 열등기능을 보상하기 위한 무의식적인 소망이기도 했던 셈이다.

이는 결과적으로 사람들은 누구나 무의식적으로 자기에게 필요한 오행의 기운을 찾게 되어 있다는 것을 의미한다. 그러한 면 역시 남자와 여자가 서로에게 반하는 이유 중 하나다. 즉, 남녀가 사랑을 느끼는 과정에서 자신에게 부족하다고 여겨지는 면이나 자신의 무의식적인 모습을 갖고 있는 상대에게 끌리는 것처럼 명리학적으로도 자신에게 필요한 기를 가진 사람에게 끌리게 되어 있다. 물론 이 경우에도 서로 보완하는 관계가 되려면 적지 않은 노력이 필요하다. 역시 서로에게 끌리는 그 다른 면 때문에 나중에 성격이 맞네 안 맞네 하면서 갈등하고 다툼을 불러올 여지가 있기 때문이다. 앞서 이야기한 것처럼 우리의 운명이 100퍼센트 정해져 있는 것이 아니듯이, 서로 필요한 기를 가진 사람끼리도 그 관계를 지속해나가려면 의식적인 노력이 필요하다. 다만 그 다른 오행이 내게 도움이 되는 경우에는 상호 보완의 관계가 성립하므로 그 과정이 보다 쉽다는 장점이 있다.

이쯤에서 배우자를 귀하게 여기는 사주가 따로 있을까 하는 의문이 뒤따르는 것 또한 자연스러운 일이겠다. 물론 내 대답은 '그렇다'이다. 이때 중요한 것은 사주에 배우자를 뜻하는 오행이 단 하나 존재해야 한다는 점이다. 즉, 여자의 경우에는 관(官)을 뜻하는 오행, 예를 들어 자신을 상징하는 오행이 수(水)라면 토(土)의 오행이 하나 있어야 하는 식이다[3장에서 설명하겠지만 여자의 경우 나를 극(克)하는 오행이 나의 배우자다]. 남자의 경우에도 이성을 뜻하는 오행이 하나, 예를 들어 자신을 상징하는 오행이 수라면 화(火)의 오행이 하나인 사주가 좋다.

더불어 사주에 자신을 상징하는 오행도 하나여서 배우자를 가지고 다른 사람과 다투지 않는 구조여야 한다. 이는 뒤에서 자세히 다룰 비견(比肩), 겁재(劫財)가 여기에 해당하는데, 이 두 가지가 사주에 많으면 자신의 소유물을 가지고 형제나 동료들과 다투는 형국이다. 예컨대 일간이 수인데 아내를 상징하는 화의 오행보다 수의 오행이 많다면, 많은 물이 불을 끄는 형상이므로 배우자와의 관계가 평탄하기 힘들다.

사주에 배우자를 상징하는 오행이 나에게 도움이 되는 경우에도 배우자를 귀하게 여긴다. 예를 들어, '한겨울의 꽁꽁 언 물'과 같은 사주를 지닌 남자 곁에 따뜻한 태양이나 불을 상징하는 화의 오행이 있으면 얼마나 도움이 되겠는가. 부부가 상호 보완의 관계가 되어주는 것이다. 또한 상대의 일간이 내 사주에서 배우자에 해당하는 오행인 경우에도 서로 관계가 좋다. 예를 들어 수의 오행이 일간인 남자에게는 화의 오행을 일간으로 가진 아내가 좋고, 화의 오행이 일간인 여자는 수의 오행을 일간으로 가진 남편을 만나면 그런대로 알콩달콩 살아간다. 그리고 사주에서 일간 아래에 있는 일지(日支)의 오행이 일간을 도와주는 경우에도 배우자와 관계가 좋다. 명리학에서 일지와 일간은 서로 파트너 관계이기 때문이다. 배우자와의 관계를 살필 때 먼저 일간과 일지의 관계를 보는 이유도 여기에 있다. 언젠가 성격은 소위 말하듯 '싸가지'가 없었는데 배우자궁(일지)이 너무 좋은 사람을 만난 적이 있었다. 그에게 자신이 가지고 있는 것에 비해 좋은 배우자를 만날 것 같다고 이야기를 해주었는데, 정말로 아주 괜찮은 성품과 능력을 지닌 배우자를 만나는 걸 보면서 역시 팔자가 중요하구나 싶었던 적이 있었다.

한편, 배우자와 사이가 좋지 않은 사주는 일차적으로 배우자를 상징하는 오행이 너무 많은 경우다. 즉, 남자에게 재물을 상징하는 오행이 너무 많으면 많은 이성을 탐한다. 여성의 경우에는 관을 뜻하는 오행이 많을 때 남자로 인해 문제가 일어나기 쉽다. 이럴 때 남녀 관계보다는 사회적으로 성공하려는 야망이 더 커서 이성 관계에 별로 중요성을 부여하지 않는 경우도 종종 본다. 남자에게 재물운과 이성운을 뜻하는 글자가 같듯이, 여자에게도 사회운과 배우자를 뜻하는 글자가 같기 때문이다.

자기를 뜻하는 글자가 너무 강할 때도 상대를 제압하려고 하니 사이가 좋지 않을 가능성이 매우 높다. 즉, 일간의 힘이 강하면 나를 누르는 오행을 싫어하게 되어 있다. 조금이라도 간섭받기를 싫어하는 성향을 갖게 되기 때문이다. 남성의 경우에는 일간의 힘이 강하면 너무 자기가 잘난 맛에 사니 배우자 귀한 줄을 모른다.

반대로 앞서 기술한 바처럼 배우자를 상징하는 오행이 없을 때도 배우자와의 관계가 좋지 않거나 풍파가 많은 경우를 종종 본다. 무재 사주인 남자, 무관 사주의 여자가 그러하다. 뒷장의 만세력을 보며 예를 들어보자.

일간은 지구나 대륙을 상징하는 무토(戊土)에 일지는 같은 '양의 토'이고 그 나머지가 5개의 목과 1개의 금으로 이루어진 남자가 있다고 하자. 그에게 배우자를 상징하는 오행은 수이다. 그런데 그 수의 오행이 사주에 드러나지 않고 있다. 그 대신 일지에 있는 토의 오행이 그에게는 배우자궁에 해당하고 그 토의 오행 덕

	시주	일주	월주	년주
일간과의 관계	정관		정관	정관
간	을목 (乙木)	무토 (戊土)	을목 (乙木)	을목 (乙木)
지	묘목 (卯木)	진토 (辰土)	유금 (酉金)	묘목 (卯木)
일간과의 관계	정관	비견	상관	정관

분에 그는 배우자에게 도움을 받는 사주학적 구조를 갖게 되었다. 그에게는 자신을 극하는 목의 오행과 자신의 기운을 빼앗는 금의 오행이 들어있어 일간의 힘이 약한데, 그 약한 일간을 도와주는 것이 일지에 있는 토의 오행뿐이었기 때문이다. 하지만 그는 늘 자신의 사주에 없는 이성을 탐했고 아내 이외에 많은 여성에게 유혹적인 태도를 취하곤 했다. 그의 아내는 남편이 그렇게 흔들리는 가운데도 가정을 지키려고 노력했다. 그러나 결국은 남편의 방랑벽을 더는 못 참고 떠나버렸다.

아마도 그러한 면 때문에 옛사람들은 혼인 전에 궁합을 면밀히 살펴보려고 했는지도 모른다. 궁에서 왕비나 세자비를 간택할 때도 가장 첫째로 보는 것이 당사자의 사주팔자였다는 것도 그런 점에서 어느 정도 이해가 간다. 문제가 생기기 전에 방지하는 편이 문제가 생긴 후에 수습하는 것보다 백번 더 나았으리라. 물론 요즘 시대에야 고리타분하게 들리는 것이 당연하겠지만, 한편으로는 옛사람들의 지혜가 아니었나 싶기도 하다. 서로의 다름을 풀어내는 한 방법이라는 점에서 말이다.

2장

정신의학과 명리학이
교차하는 지점

"이 모든 것이 꼭
당신 탓만은 아니다.
하지만 바로잡을 수 있는 사람은
당신밖에 없다."

정신의학이 설계도면이라면
명리학은 입체도면이다

이 세상에 풀 수 없는 미스터리가 있다면 '인간은 왜 존재하는 가?', '왜 하필 나는 나로 태어났는가?' 라는 질문이 아닐까 생각한 적이 많다. 인간이 다른 존재와 차별화되는 점 역시 그처럼 끊임없이 자기 존재의 의미를 찾는 것이 아닐까. 그리고 그 과정 중하나가 나의 타고난 특성을 통해 내가 누구인지를 알아가는 것이다. 그런데 그것이 말처럼 쉽지가 않다. 소크라테스가 왜 "너 자신을 알라"라고 했는지, 그리고 그것이 얼마나 어려운 일인지를 살아갈수록 더 절감하게 된다. 내가 나 하나도 알지 못하는데 어찌남을 알며 세상을 알 수 있을까 싶은 순간마저 있다. 실제로 우리는 죽는 날까지 노력해도 자기 자신을 온전히 알고 이해할 수 없을지도 모른다. 오죽하면 『해빗』이라는 책을 쓴 심리학자 웬디 우드가 "인간의 행동 뒤에는 천만 가지 이유가 있다"라고 주장했겠는가. 나 역시 그의 말에 동의한다.

'성격이 운명을 만든다'고 하는데 이는 정말 맞는 말이다. 위기의 순간에 그가 어떤 행동을 하는가에 따라 운명이 달라지는 사례는 너무도 많다. 더불어 나는 우리의 성격을 만드는 동인 중 하나가 심리라고 생각한다. 그것을 두고 셰익스피어는 "인간의 판단력은 그의 운명의 영향을 받는다"라고 묘사했다. 한 개인의 결정력에 영향을 미치는 첫 번째 요소는 그가 타고난 기질이다. 예를 들어 새로운 것에 대한 호기심이 많은지 아니면 안정적인 것을 지향하는지, 삶에서 인간관계에 더 주안점을 두는지 아니면 사회적 성취에 더 주안점을 두는지 하는 것 등이다. 두 번째로 영향을 미치는 요소는 성격이다. 성격이란 자신의 기질을 바탕에 두고 성장 과정에서 경험한 것들을 토대로 후천적으로 형성된 삶의 해결 방식이기 때문이다. 마지막으로 중요한 요소는 그 시점에 느끼는 그의 마음 상태다. 즉, 심리적으로 불안하거나 우울한지 아니면 평온한지 등이 한 개인의 결정력에 영향을 미친다. 그러므로 성격이 운명을 만들고, 심리가 성격을 만든다는 말이 성립되는 것이다. 물론 반대의 경우도 마찬가지다. 그러니 성격과 심리와 운명이 마치 씨줄과 날줄처럼 서로 얽히고설켜 있다는 느낌을 받을 때가 참 많다.

인간은 빈 서판으로 태어나지 않는다. DNA에 관한 연구 결과들은 인간이 이미 그 자신에 대한 정보를 갖고 태어나며 이는 사람마다 고유하다는 사실을 잘 알려준다. 그리고 그것이 곧 우리의 기질이다. 기질은 한마디로 표현하면 '내가 갖고 태어난 원석'이라고 할 수 있다. 기질이라는 한자어도 흥미롭다. 나를 이루는 '기(氣)'의 '특질(特質)'이라는 뜻을 담고 있기 때문이다. 이는 곧 옛사람들이 오래전부터 인간을 비롯한 모든 생명이 다 기로 이루어져 있음을 알고 있었다는 방증이기도 하다. 흔히 우리는 '기를 살려라', '기죽이지 마라', '기가 없다'라는 말을 즐겨 쓰기도 한다. 여기서 말하는 기는 심리적 에너지와 비슷한 뜻으로 사용되지만, 궁극적으로는 나의 가장 기본적인 특성이라는 뜻을 내포하고 있다.

이처럼 타고난 기질을 바탕으로 한 개인이 어떤 모습으로 자신을 만들어가는지에 따라 후천적으로 형성되는 것이 성격이다. 따라서 기질을 바꾸기는 힘들지만 성격은 어느 정도 바꿀 수 있다. 성격이라는 한자어도 흥미롭기는 마찬가지다. '성(性)'이라는 한자는 '마음 심(心)'과 '날 생(生)'으로 이루어져 있다. 즉, 나라는 사람이 가진 심리의 격이 바로 성격인 것이다. 성격이란 무엇인가? 한마디로 말하면 '한 개인을 특정하는 지속적인 행동 양식'이다. 거기에는 그 사람의 생각과 감정과 행동 등 모든 것이 포함된다. 즉, 나라는 사람의 틀이 성격이며 그것이 어떻게 형성되는가에 따라 그 사람의 격이 달라진다.

정신의학적으로 한 사람의 심리적 성숙도는 내 인생은 내가 만들어간다는 자기 의지력과 자기 결정력을 가늠하는 '자율성', 다른 사람과 협동해서 일할 수 있는 능력인 '연대감'의 합으로 본다. 여기에 더해 그가 현실적으로 중요한 돈과 권력 이외에 어떤 정신적인 가치를 추구하는지, 자신이나 주변 환경 외에 범인류적인 문제에 어느 정도의 관심을 갖고 있는지, 삶의 문제에 대해 어떤 가치관을 지니고 있는지를 평가해 그 사람의 성격을 분석한다. 그 과정에서 끊임없이 영향을 미치는 것이 바로 심리다. 즉, 기질을 타고난 틀로 본다면 그 틀을 어떤 모습으로 만드는가가 심리이고, 그 결과로 형성되는 것이 성격인 셈이다.

쉽게 예를 들어보자. 나의 기질이 진흙이라면 그것으로 내가 도자기를 만들지 아니면 항아리를 구울지 결정하는 과정에서 작용하는 여러 요소가 곧 심리다. 그리고 그 결과로 탄생한 작품이 나의 성격이다. 한번 만들어진 작품도 어느 정도 기본 틀은 유지하는 선에서 나의 노력 여하에 따라 변형이 가능한 것처럼, 나의 성격 역시 변화가 가능하다. 즉, 기질과 심리와 성격은 끊을 수 없는 하나의 연결고리이자 계속 변화가 가능한 것이다.

또 다른 예로 나의 기가 물이라면 나는 그것으로 얼음을 만들 수도 있고, 팥빙수를 만들 수도 있고, 냉커피를 만들 수도 있다.

그처럼 물이 나의 기질이라면 얼음이나 팥빙수는 나의 성격이고 그 과정에 투입되는 노력은 나의 심리다. 정신의학의 장점은 아주 세밀하다는 것이다. 자신의 타고난 기질과 후천적으로 형성된 성격을 보는 척도만 해도 수십 가지이며 심리를 보는 척도는 말할 나위도 없다. 그리고 평가하는 과정도 점수로 매겨지므로 어느 나라에서나 그 나라 언어로 번역만 가능하다면 평균 점수와 더불어 자신의 점수를 그래프와 수치로 볼 수 있다. 우리가 건물을 지을 때 설계도면을 보면 기둥의 높이와 넓이, 가로와 세로의 길이 등을 한눈에 알 수 있는 것과 마찬가지다. 또한 설계도면에는 어떻게 그 집이 지어질지, 방은 몇 개인지, 어느 방이 더 큰지, 각 방은 어디에 위치하는지 등을 다 살필 수 있다. 그런 것처럼 정신의학적으로 파고들수록 우리는 자기의 심리에 대해 세밀하고 보다 더 심층적으로 파악할 수 있다.

하지만 그렇게 깊게 파고들다 보면 통합적인 내 이미지를 그려내기가 어렵다는 문제가 발생한다. 예를 들어 꿈 분석 기법을 주로 사용하는 정신분석의 경우 나의 무의식이 내 꿈에 어떻게 나타나고 있는지는 알아도 그 꿈을 꾸는 나는 궁극적으로 누구인가에 대한 의문이 들 때가 있다. 또한 수십 개의 그래프와 점수로 나의 기질과 성격, 심리와 대인관계를 보면서 이 모든 요소를 아우르는 나는 대체 어떤 모습인지를 보고 싶은 욕구를 느낄 때도 있다. 이는 마치 세밀하게 찍은 숲 사진을 볼 때 나무의 종류와 개수는 알겠는데 그곳을 걸으면서 느끼는, 즉 그 숲에 대한 입체적인 이미지는 잘 그려지지 않는 것과 같다고 할 수 있다. 또한 그 숲이 따뜻한 느낌인지 차가운 느낌인지에 관해서도 잘 알 수 없다. 이럴 때 입체적이고 통합된 이미지를 제시해주는 것이 명리학적 분석이라는 것을 임상에서 경험한다. 그러므로 나는 명리학을 통해 자신을 아는 것은 스스로에 대한 큰 틀, 즉 프레임을 아는 것이고, 정신의학적으로 자신을 아는 것은 그 프레임 안에 무엇이 담겨 있는지를 아는 것이라고 생각한다.

예를 들어 설명하자면 명리학으로는 내가 찻잔임을 아는 것이라면 정신의학으로는 그 찻잔에 담기는 것이 커피인지 차인지, 그 차나 커피를 제 온도에 맞춰 내는지, 찻잔을 소중하게 사용하는지 등을 아는 것이라고 할 수 있다. 그런 의미에서 나는 명리학과 정신의학 모두 자신의 잠재 능력을 발휘하도록 도와주는 학문이라고 생각한다. 더불어 정신의학적 분석과 명리학적 분석을 같이 볼 때 한 개인에 대해 좀 더 구체적인 이미지를 그려볼 수 있다. 내가 정신의학적 분석이 나라는 집의 설계도면이라면 명리학적 분석은 입체도면이라고 주장하는 이유다.

쉬운 예로 우리가 오대산 월정사를 설계도면으로 볼 때와 실제로 그곳에 가서 볼 때는 전혀 다른 느낌을 받는다. 물론 설계도면을 보면 그곳이 과거로부터 현재 이 시점까지 어떤 세월을 거쳐 지금의 모습을 이루어왔는지 한눈에 파악할 수 있다. 그리고 그

절을 세운 사람들의 생각도 읽을 수 있다. 반면 바로 눈앞에서 마주하는 월정사는 훨씬 더 생생하고 입체적인 모습으로 다가온다. 이것은 정신의학이 분석적인 좌뇌의 학문이라면, 명리학은 직관적이고 감각적이며 시각적으로 자신을 보는 우뇌의 학문이라는 것을 의미한다. 명리학은 바로 그 부분에서 도움이 된다. 스스로에 대해 마치 그림을 보듯이 거리를 두고 관조하면서 자신을 이해할 수 있도록 해주기 때문이다. 그런 의미에서 명리학을 입체도면이라고 하는 것이다. 다만 명리학은 우뇌적인 학문이므로 보는 사람에 따라 해석이 달라진다는 점이 있다.

다만 임상에서 보면 자기가 타고난 사주팔자에 맞는 특성을 보이는 사람이 있는가 하면, 그렇지 않은 사람도 종종 있다. 예를 들어 사주팔자에는 창의적인 능력이 보이는데 실제 임상에서는 그렇지 않은 경우다. 이때 상담을 해보면 주로 성장 과정에서 받은 상처로 인해 움츠러든 경험을 털어놓는다. 그리고 어떤 경우에는 정신의학적 분석에서 드러나지 않는 한 개인의 원석과도 같은 모습이 보이는 경우도 있다. 예를 들어 정신의학적으로는 대단히 도덕성을 강조하는데 명리학적으로는 그것이 자신의 충동적이고 비윤리적인 면을 숨기고자 하는 시도인 경우도 있다. 그래서 나는 임상에서 정신의학적 분석과 명리학적 분석을 함께 보는 경우가 많다. 특히 조직이나 기업에서 리더십을 평가할 때는 반드시 정신의학적 검사를 한 다음에 그것과 연관하여 명리학적 분석을 진행한다. 그래야 비로소 한 개인에 대해 대단히 구체적이고 통합된 이미지를 완성할 수 있다.

정신의학과 명리학의 교감은 마치 좌뇌와 우뇌로 구성된 우리의 뇌를 하나로 이어주는 구조인 뇌량(Corpus Callosum)이 창의성과 연관된 것처럼, 한 개인에 대한 가장 창의적인 분석을 가능케 하는 만남이 아닐까 싶다. 이번 장에서 우리는 좌뇌적 분석인 정신의학과 우뇌적 분석인 명리학을 통해 두 학문이 서로를 어떻게 보완하고, 나아가 한 개인을 성장시키는지 찬찬히 돌아볼 것이다.

삶에서 내가 누구인지
알아가는 과정만큼
중요한 것은 없다

요즘은 와인 애호가가 많다. 그들은 레이블만 봐도 그 와인이 어떤 맛인지, 어떤 음식과 더 궁합이 잘 맞는지를 안다. 와인 레이블에는 그 와인이 어떤 땅에서 재배된 어떤 종류의 포도로 어느 해에 어떤 방식으로 만들어졌는지, 등급은 어느 정도인지 등이 다 적혀 있기 때문이다. 만약에 사람도 그런 레이블을 가지고 태어난다면 어떨까? 그 정도는 아니더라도 한 개인의 특성에 대해 좀 더 많은 것을 알 수 있다면 분명 그의 삶 전체에 큰 도움이 될 것이다. 앞서도 언급했듯이, 나는 정신의학과 명리학이 바로 그런 역할을 하는 학문이라고 생각한다. 마치 와인의 레이블처럼 한 개인에 대한 특성을 알아가는 학문인 셈이다.

무엇보다 와인은 만들어진 연도가 중요하다. 같은 땅에서 재배된 같은 품종의 포도라고 해도 그해의 날씨에 따라 질과 맛이 달라지기 때문이다. 또 다른 중요한 요소는 어느 와이너리에서 만들어졌는가 하는 것이다. 얼마만큼 정성을 들이는 믿을 만한 와이너리인가에 따라 당연히 와인 맛도 달라지기 때문이다. 그러한 '법칙'은 사람한테도 똑같이 적용된다. 한 개인 역시 어떤 일정한 특성을 갖고 태어나도 자신의 노력 여하에 따라 타고난 특성이 달라질 수 있다. 더불어 자기를 계발하는 데 얼마나 노력을 들이는지에 따라 앞날이 달라질 수도 있다. 그렇듯 변화의 가능성을 주장하는 것 또한 명리학과 정신의학의 또 다른 공통점이다.

두 학문 중에서 명리학이 동양에서 생겨난 까닭은 동양이 과거 농경사회였다는 것과 연관이 있지 않나 싶다. 농사를 짓기 위해서는 자연과 더불어 살면서 늘 하늘과 땅을 살펴야 했을 테니 말이다. 그래서 더욱 자연의 섭리에 따라 사는 것을 자연스럽게 받아들였고, 천일합일(天日合一) 사상에 동양의 기본 사상이 바탕을 두게 된 것도 그 때문일 것이다. 반면에 서양에서는 "나는 생각한다. 고로 존재한다(Cogito Ergo Sum)"라는 데카르트의 말처럼 좀 더 이성적인 존재로서의 인간을 강조해왔다.

데카르트가 말한 '코기토(Cogito)'에서 파생된 '인지(Cognition)'라는 단어는 정신의학적으로 대단히 폭넓은 개념이다. 문제해결,

기억, 사고(思考), 언어능력, 집중력 등 지적인 심리 기능을 총칭한다. 즉, 대뇌 전두엽이 담당하고 있는 대부분의 기능이라고 생각하면 된다. 그리고 이 기능이 있기에 인간은 다른 동물과 구분된다. 『불안이 주는 지혜』의 저자 앨런 와츠는 "인간은 자기 자신을 인지하는 나와 자연 그대로 존재하는 내가 있다"라고 주장했다. 이것은 공자의 사상과도 일치한다. 앞서 잠깐 언급했지만 공자는 인간에게 자연이 준 천성인 도심과 인간의 욕심인 인심이 존재한다고 했다. 성경 창세기에 보면 아담과 이브는 처음에 에덴동산에서 모든 것을 다 누릴 수 있었다. 단 하나 허락되지 않은 것이 선악과 나무의 열매를 따 먹는 것이었다. 그것을 먹기 전까지 그들은 벌거벗은 몸을 부끄러워하지 않았다. 하지만 선악과 열매를 먹고 나자 그들은 자신들의 모습을 부끄러워하게 되었다. 그것을 앨런 와츠의 이론에 대입해보면 인지하는 내가 자연 그대로 존재하는 나를 의식하게 된 것이다. 거기에 작용한 것이 뱀의 유혹이었다. 뱀은 아담과 이브에게 그 나무의 열매를 먹으면 신처럼 될 수 있다고, 즉 내가 소유할 수 있는 것들이 생겨난다고 속삭였다. 그 일이 있고 난 이래로 인간은 공자가 말한 도심을 저버리고 인심, 즉 소유에 대한 욕심과 집착에 휘둘리게 된다. 그리고 그때부터 인간은 자신의 존재 의미에 대해 끝없는 의문을 갖게 되었는지도 모른다.

정신의학은 그러한 의문에 대한 해답을 찾아내고자 한 개인의 특성을 분석할 때 그의 생각, 감정, 성격, 대인관계를 살피는 것에 초점을 맞춘다. 다시 말해 그가 세상과 사람들에 대해 어떻게 생각하는지를 살피는 것이다. 그래서 정신의학에서는 데카르트식의 인지 개념이 중요하다. 하지만 그런다고 해서 그가 타고난 자연적 본질을 다 알 수 있는 것은 아니다. 이것은 내가 정신과 의사로 일하면서 갈증을 느껴왔던 부분이기도 하다. 그러한 갈증을 해소하게 해준 것이 명리학이다. 정신의학적 분석을 통해서는 인지하는 나에 관해 알 수 있다면 명리학을 통해서는 자연 그대로 존재하는 나의 특성을 알 수 있기 때문이다. 즉, 명리학은 인간을 자연의 일부로 보고 거기서부터 한 개인의 특성을 찾아내는 학문이다. 아마도 이는 명리학이 지닌 가장 큰 장점 중의 하나가 아닐까 한다.

명리학에서는 일단 그의 사주팔자에 나타난 음과 양의 오행으로 외향 성향과 내향 성향을 알 수 있다. 그리고 자신을 상징하는 오행의 특성으로 부드러운 고집을 가졌는지, 남에게 주목받고 싶어 하는지, 민감하고 세심한지, 생각은 많으나 표현을 안 하는지 등을 구별한다. 그다음에 오행의 전반적인 구조로 건강한 자긍심을 갖고 있는지, 자만심이 지나치게 높은 건 아닌지, 남이 뭐라고 하기 전에 스스로를 비판하는 성향이 강한 것은 아닌지 등을 파악한다.

그동안 나의 임상 경험을 살펴보면 정신의학적 분석과 명리학적 해석이 일치하는 경우도 있고 아닌 경우도 있었다. 아닌 경우에 가장 흔히 보는 사례가 스스로는 내향적이라고 생각하는데 심리검사에서는 외향적이라고 나오는 것이다. 이 경우 오행을 살펴보면 거의 내향적인 타입이라는 결과가 나온다. 그리고 당사자들에게 그 결과를 말해주면 격하게 공감한다. 그러면서 사실은 자기가 원래 내향적인 성격인데 학교생활이나 사회생활을 하면서 외향적인 성격으로 바꾸려고 많은 노력을 해왔다고 털어놓곤 한다.

좀 더 극적인 사례도 있다. 언젠가 자신은 늘 다른 사람에게 친절하고 잘해주려고 하면서 편안하게 분위기를 이끌려고 노력하는데 주위 사람들이 그런 자신을 몰라준다는 문제로 찾아온 사람이 있었다. 그는 자신이 힘든 이유를 전적으로 자신을 몰라주는 주위 사람들에게서 찾았다. 그러면서 반복해서 그 사실을 주위 사람들에게 일깨워주곤 했다. 이때 사람들의 반응이 영 마음에 들지 않으면 죽겠다는 협박도 서슴지 않았다. 심리검사 결과 그는 친절하고 관대하며 공감 능력도 높은 것으로 나타났다. 스스로 자신을 규정한 이미지대로 설문에 답을 했기 때문이다. 물론 그것을 전적으로 신뢰하기는 어렵다는 결과도 함께 뒤따랐다. 하지만 그는 신뢰 문제가 어떻든 자신이 썩 괜찮은 사람이라는 데만 초점을 맞추고 싶어 했다(심리검사에는 피검사자의 보고가 신뢰할 수 있는지를 측정하는 척도가 있다).

반면 명리학적 분석은 매우 명료했다. 쉽게 표현하면 사주가

'한여름의 작열하는 태양'을 상징하고 있어서 주위에 있는 나무를 다 태우는 형상이었다. 그런 경우 스스로에 대한 성찰 능력은 약하면서 남이 잘못하는 것은 그야말로 귀신같이 알아차린다. 그리고 사람들과 어울리기를 좋아하지만 자기 뜻대로 해야만 직성이 풀린다. 남들이 자신에게 조금이라도 싫은 소리를 하는 것 역시 견디지 못한다. 그러면서도 남들이 자신을 어떻게 생각하는지에 따라 쉬이 무너지기도 한다. 상대를 배려하는 것도 그를 자신의 손아귀에 넣기 위해서인 경우가 많다. 단지 자신만 그런 모습을 모를 뿐이다. 그러니 인간관계에서 피곤함이 따를 수밖에 없다. 즉, 심리검사에서 그가 숨기려고 했던 본성적 특성이 명리학에서 고스란히 드러난 셈이다.

한편 명리학과 정신의학적 분석이 일치할 때도 있다. 예를 들어 우울하다는 문제로 찾아온 사람이 있었다. 그는 부모가 맞벌이를 하는 가정에서 자라다 보니 어릴 때부터 혼자 집에 있었던 기억이 많았고, 학교에서는 심하게 따돌림을 당하는 일이 잦았다. 폭력적이고 강압적인 아버지와의 갈등도 심했다. 어른이 되어서는 직장에서 상사들과 문제를 겪었다. 정신적으로 우울증에 걸릴 만한 환경에 둘러싸여 있는 셈이었다.

타고난 성격 또한 자신이 주목받지 못하면 견디기 힘들어하고 스스로를 비판하는 면이 매우 강했다. 자기중심적인 성향도 강해서 스스로 계획한 대로 일이 진행되지 않으면 상대의 입장이 어떠하든 화를 내는 면도 있었다. 자신이 얼마나 힘들게 살고 있는 지 세상이 다 이해해줘야 한다고 생각했다. 명리학적으로 그의 사주는 '늦은 가을날의 돌산'이었다. 그리고 오행의 기가 모두 일간 (日干)을 향해 있으면서 기의 순환이 안되고 뭉쳐 있는 형상이었다. 이러한 명리학적 기질에다가 환경에서 영향을 받은 정신적인 면까지 겹치다 보니 사는 게 우울할 수밖에 없었던 것이다.

앞의 두 사례는 임상에서 정신의학적 분석과 명리학적 측면을 통합적으로 활용할 때 한 개인의 특성이나 문제를 더욱 제대로 이해할 수 있게 한다는 결론을 보여준다. 즉, 정신의학적으로는 나의 심리적 동인에 관한 세밀한 분석을 통해 현재 이 시점의 문제를 해결해나갈 수 있고 명리학적으로는 좀 더 근본적으로 타고 난 특성에 대한 이해를 통해 나의 성격과 잠재 능력까지 확인할 수 있는 것이다.

나는 명리학으로 한 개인의 특성을 찾는 것을 집에다 비유해 '지하실에 있는 보물을 찾는 과정'이라고 설명한다. 가끔 오래된 지하실이나 창고에서 그동안 있는 줄도 몰랐던 보물을 발견했다는 뉴스를 접할 때가 있다. 그런 것처럼 자신에게 있는 줄 몰랐던 보석 같은 잠재 능력을 찾는 과정이 바로 명리학적 분석 과정이기도 하다. 그렇게 해서 나 자신의 특성과 잠재 능력에 대해 좀 더 많은 것을 알고 나면 당연히 미래에 대한 불안감도 어느 정도 해소할 수 있다. 앞서 예를 든 사람에게도 그 돌산 밑에 숨겨진 아주 작은 샘물을 찾아내어, 그 샘물을 큰 강으로 만들어나가자고 말해 주었다.

내가 명리학과 정신의학을 접목하는 이유도 그렇게 자신을 수용하고 나서 조금 여유를 찾은 다음에 스스로를 고쳐나가는 노력을 제안하기 위해서이다. 내가 어떤 특성을 가졌는지 알고 그 특성을 잘 살리기 위해 어떤 기를 보강하면 좋을지 고민하고 노력하는 것에 따라 많은 변화를 이끌어낼 수 있기 때문이다. 그런 의미에서 나는 이 두 학문 모두가 통찰과 희망의 학문이라고 생각한다.

팔자소관이라는
말에 담긴
우리의 무의식

명리학은 조선의 세조, 세종 임금도 그 분야의 대가라고 할 만큼 우리의 역사와 맥을 같이해온 학문이다. 이에 따라 명리학이 우리의 집단 무의식에서 차지하는 비중은 말 그대로 어마어마하다. 쉬운 예로 우리는 무슨 일에나 별생각 없이 '팔자소관'이라는 말을 갖다 붙이곤 한다. 특히 내 힘으로 도저히 어찌해볼 수 없는 일을 만나면 "아이고, 다 팔자소관이지 뭐"라든가 "어찌겠어, 팔자가 그런 걸. 팔자대로 사는 거지"라는 말을 일상적으로 주고받는다.

드라마 「동백꽃 필 무렵」에서도 '세상에서 가장 팔자 사나운 여자들'이 주인공으로 등장한다. 일곱 살에 엄마에게 버려져 보육원에서 성장한 동백이는 어쩌다가 자신도 미혼모가 되어 작은 도시에서 술집을 하며 근근이 살아간다. 그런 그녀를 보는 이웃들의 시선은 대개 한 가지로 정해져 있다. 젊은 여자가 팔자가 사나워도 너무 사납다는 것이다. 그처럼 팔자 사나운 여자가 주변에 있다는 것만으로도 이웃들은 심란함을 어찌하지 못한다. 동백이의 술집에서 종업원으로 일하는 향미의 처지는 더 절박하다. 그녀의 기막힌 팔자에 비하면 동백이의 사나운 팔자는 꽃길을 걷는 것에 가까울 지경이다. 물론 드라마는 그 모든 우여곡절에도 불구하고 동백이가 꿋꿋이 살아가는 모습을 감동적으로 보여준다.

드라마 초반 동백이는 주변의 '팔자 운운'하는 말 앞에서 주눅이 들기도 한다. 하지만 곧 특유의 강인함으로 "내 팔자가 뭐 어떤데?" 하며 시련에 맞선다. 어쩔 수 없이 팔자가 이끄는 대로 그 길을 가야 한다고 해도, 징징거리고 불평하면서 끌려가느니 꿋꿋하게 고개를 들고 당당하게 내 발로 걸어가겠다 다짐하면서 말이다. 이웃들도 더 이상 그녀의 팔자를 두고 뭐라고 하지 않는다. 오히려 힘을 합쳐 동백이를 돕는 데 앞장선다. 그 드라마는 내게 새삼 '팔자'라는 말의 의미를 되새겨보도록 만들었다.

나는 상담을 하면서도 종종 이 말의 힘을 깨닫는다. 늘 자신을 들볶고 혼자 있는 것을 못 견뎌 하면서 사람들을 만나다가 위험한 관계에 빠진 여성이 있었다. 그녀에게 상담을 하며 그렇게 위험한 행동을 계속하다가는 자칫 삶의 울타리를 망가뜨리게 된다고 여러 차례 설명해주었다. 하지만 그때마다 별 효과가 없었다. 자신도 그런 행동을 멈추고 싶지만 마음대로 되지 않는다는 것이 주된 이유였다. 그러면서 상담 시간 내내 긴 하소연을 하다가 돌아가곤 했다. 아무래도 안 되겠다 싶어서 그녀에게 약간의 충격요법을 쓰기로 했다. 당신의 사주에 따르면 문제의 관계를 끝내지 못할 경우 머지않아 모든 것을 잃는 처지가 될 것이라고 말해준 것이다. 나는 이어서 당신은 명리학적으로 빛나는 보석인데 왜 그런 보석을 함부로 다루는가, 이제부터 좀 더 스스로를 빛나게 하려고 노력한다면 지금과는 차원이 다른 멋진 삶을 살아갈 수 있을 것이라고 위로해주었다(명리학적 결과도 실제로 그러했다).

그녀는 내가 기대했던 것보다 훨씬 더 충격을 받은 것 같았다. 마치 강력한 펀치에 세게 맞은 사람 같은 표정이 되더니 두 번 다시 그 사람을 보지 않겠다고 선언했다. 그러고는 자신의 말을 실천에 옮겼다. 흥미로운 것은 단어의 선택이나 문장 구조는 달랐지만 나는 그 비슷한 경고를 상담 시간마다 여러 차례 했다는 사실이다. 그때는 제대로 듣지 않고 있다가 '사주팔자'라는 말 한마디에 태도가 완전히 달라진 것이다. 이 역시 우리의 집단 무의식과 가장 크게 관련이 있는 현상이라고밖에는 설명이 잘 되지 않는다.

정신의학에서 한 개인의 특성을 살피는 것은 철저하게 그 개인의 역사를 이해하는 과정에 속한다. 현대가 정보사회라는 데는 누구나 동의할 것이다. 이제는 빅데이터만 가지고도 돈을 벌 수 있는 시대가 되었다. 문제는 그렇게 많은 정보의 홍수 속에서도 정작 가장 중요한, 내가 누구인지에 대한 정보는 찾아보기 어렵다는 것이다. 내가 누구인지, 어떤 삶을 살고 싶어 하는지에 대한 정보는 빅데이터 안에 없기 때문이다. 그것은 오로지 나 자신과의 일대일 만남에서만 가능하다. 물론 성장 과정에서 만나는 사람들, 즉 부모, 형제, 선생님, 친구들로부터 받는 피드백은 있다. 하지만 그것도 내 일부일 뿐 전체는 아니다. 그래서 우리는 심리검사나 사주팔자 등을 통해 나라는 사람의 퍼즐을 맞춘다.

그런데 그 과정에서 이미 정보의 중요성을 주장한 서양 정신분석학의 두 거장이 있다. 바로 프로이트와 융이다. 프로이트는 우리가 태어나면서 경험한 모든 것이 우리의 정신에 기록되어 있다고 했다. 그는 현재 기억하는 것은 의식, 지금은 기억하지 못하지만 조금만 자극을 주면 기억의 세계로 올라오는 것이 전의식, 아주 깊은 곳에 자리한 정보는 무의식의 세계라고 주장했다. 그리고 그러한 개인적 이해의 폭을 넓힌 인물이 바로 융이다. 그는 한 개인의 무의식에는 인류가 지구상에 태어나 경험한 모든 것이 자리 잡고 있다고 주장하며 거기에 집단 무의식이라는 이름을 붙였다.

프로이트와 융의 또 다른 업적은 정신을 에너지로 보았다는 점이다. 프로이트는 정신분석 이론을 발전시키기 전에 신경생물학적 에너지 이론에 관심을 가지고 연구한 적이 있는데, 그 연구가 시발점이 되어 정신을 에너지로 보는 리비도(Libido) 이론을 만들어냈다. 융의 에너지 이론은 보다 더 정교하다. 그는 아예 정신 에너지라는 말을 사용하면서 정신 에너지는 신체 에너지로 변환되고, 신체 에너지는 다시 정신 에너지로 변환된다고 주장했다. 예를 들어 우리가 불안감을 느끼면 그것은 당장 몸으로 나타나고, 몸의 심장이 빨리 뛰면 당장 정신에 불안감이 나타난다. 즉, 우리의 몸과 마음은 하나로 이어져 있으며, 그 통로가 바로 에너지라는 것인데 이것 또한 기, 즉 에너지로 한 개인의 특성을 분석하는 명리학과 연관되는 부분이다. 명리학에서 말하는 기가 바로 에너지란 것을 생각해본다면 그 두 사람의 선견지명은 대단하다고 할 수밖에 없다.

또 하나 흥미로운 것은 융의 집단 무의식 이론이 동양사상에서 영향받은 바가 크다는 점이다. 그가 동양의 주역을 서양에 전한 독일인 선교사 리하르트 빌헬름과 친교가 깊어서 그 영향을 깊이 받은 것은 잘 알려진 사실이다. 그가 인간의 성격을 내향성과 외향성으로 분류한 것도 주역의 음과 양 사상에서 비롯됐다. 남성 안에 있는 여성성을 '아니마(Anima)', 여성 안에 있는 남성성을 '아니무스(Animus)'라고 정의한 것 역시 태극(太極)에서 음과 양이 별개의 것이 아니라 하나의 다른 모습이고, 대치되는 것이 아니라 대비되는 것이라는 사상에서 영향을 받은 결과다. 그는 "개인이 태어난 세계의 형태는 이미 잠재적 이미지로서 선천적으로

한 개인에게 갖춰져 있다"라는 말로 집단 무의식을 설명했다.

그렇다면 팔자소관이란 말은 어떻게 우리의 집단 무의식에 뿌리내리게 되었을까? 앞서도 강조했지만 명리학의 기본 이론은 인간도 자연의 일부라는 데서 출발한다. 이에 따라 자연을 이루는 기의 특성으로 한 개인의 특성이 정해지며, 그 기에는 인간이 태어난 순간의 자연의 기, 즉 우주의 기가 들어 있다고 본다. 그리고 그것이 우리가 말하는 사주팔자다. 사주(四柱)란 '네 개의 기둥'이라는 뜻으로 자신이 태어난 날의 생년월일시가 저마다 하나의 기둥이 된다. 그것을 각각 년주(年柱), 월주(月柱), 일주(日柱), 시주(時柱)라고 한다. 그리고 팔자(八字)란 이 네 기둥을 이루는 '여덟 글자'를 의미한다. 각 기둥의 첫 번째 글자는 간(干)이고, 두 번째 글자는 지(支)다. 이 글자 그대로 사주팔자라는 것은 네 개의 기둥과 그 기둥을 떠받치는 여덟 글자를 상징하는데, 물론 그 여덟 글자는 단순한 글자의 조합이 아니라 내가 태어난 연, 월, 일, 시의 우주의 기운을 상징한다. 그런 의미에서 사주팔자는 내가 태어난 시간의 기록이자 이 우주에서 내가 차지한 공간의 기록이라고도 할 수 있다. 즉, 우주의 흐름 가운데 어느 공간, 어느 시점에서 내 삶의 흐름이 시작되었는지를 알 수 있는 기록인 셈이다.

언젠가 명리학을 영어로 어떻게 표기할지를 물어온 사람이 있었다. 나는 'Four Pillars Theory of Personality, or Destiny'라고 하면 어떻겠느냐고 대답해준 적이 있다. 나중에 영어로 논문을 쓸 때도 그 표현을 사용했다. 아무튼 상대가 그 말을 듣고는 사주팔자의 기본이 이해된다는 반응을 보였던 기억이 있다. 아마도 한국인이라면 우리 선조들이 이 사주팔자를 통해 자신의 운명을 가늠해왔다는 걸 모르는 사람은 없을 것이다. 그리고 사주팔자라는 말이 최소한 수백 년을 두고 일상적인 언어로 뿌리내리게 된 데는 분명 그럴 만한 이유가 있을 것이다.

우리의 집단 무의식에서 팔자는 곧 운명이란 말과 동의어다. 모든 것이 여의치 않은 인생을 살아야 했을 우리의 선조들에게 때로는 운명의 손길만큼이나 무자비하게 느껴지는 것도 없었으리라. 그 고통을 줄일 방법이라고 해봐야 체념하고 받아들이면서 그저 운명이고 팔자라는 말에 약간의 위로를 얻는 것 외에는 없었을 것이다. 앞서도 언급했듯이 요즘 사람들이 사주팔자가 그렇다는 설명 앞에 '이상할 정도로' 두말없이 수긍하는 일이 많다는 것도 이 집단 무의식의 필연적인 결과라고 할 수 있겠다.

지나치게 운명을 내세우면서 모든 나쁜 일에 운명을 탓해서는 안 된다는 것쯤은 누구나 다 안다. 다만 저 옛날 '가진 것 없는' 민중의 삶에서 운명을 거스른다는 것이 얼마나 힘들었을지, 팔자라는 말이 어떻게 집단 무의식에 스며들어 지금처럼 쓰이게 되었는지에 관해서는 생각해볼 필요가 있다.

운명이 내게 말했다,
당신 잘못이 아니었다고

살아가면서 우리를 가장 힘들게 하는 요소 중 하나가 죄책감이
다. 원하는 대로 일이 안 풀릴 때면, 더 나아가 삶에 큰 시련이 닥
칠 때면 우리는 가장 먼저 자신을 돌아본다. 그러면서 뭔가 나의
잘못된 선택이 지금의 결과를 불러온 것만 같은 자책감에 시달리
곤 한다. 그런 경우에도 명리학이 도움이 될 수 있다. 그 모든 일
이 다 내 잘못만은 아니며 삶의 흐름이 그렇게 흘러갈 수밖에 없
는 순간이 누구의 인생에나 있다는 걸 알게 해주기 때문이다. 나
는 그것을 두고 좌절의 한가운데서 떠올리는 '희망 한 모금'이라
고 표현하곤 한다. 사람은 누구나 한 모금의 작은 희망이라도 있

으면 살아남을 수 있다. 그렇지 못하고 계속 자책 모드로 일관하는 경우에는 결국 살아남기 위해 남 탓을 하는 '투사(Projection)'의 방어기제를 가동하는 게 바로 인간이다.

나는 이따금 인간의 방어기제 중에서 가장 오래된 것이 투사가 아닌가 생각한다. 아담도 이브를 탓했고 카인도 아벨을 탓하면서 하느님을 탓했다. 그러한 인간의 역사는 계속되어서 자식들은 부모 탓을 하고 부모들은 자식 탓을 한다. 선생은 학생을, 학생은 선생을 탓하는 것도 물론이다. 개인은 사회를 탓하고, 사회는 개인을 탓한다.

언젠가 텔레비전에서 아주 흥미로운 프로그램을 봤다. 제2차 세계대전 이후 일본에서 군인들을 상대로 전범 재판이 열렸는데 그중 유일하게 불기소처분을 받은 장군이 있었다고 한다. 당시의 상황으로 미루어 볼 때 그는 거의 기적에 가까울 만큼 운이 좋았다. 일본군이 패망하는 데 일조를 했다는 이유로 다른 장군들은 사형을 선고받았기 때문이다. 그런데 정작 일본군의 패망을 이끈 건 그의 무능함이었다. 하지만 그는 단 2년형을 선고받았다. 그런 그가 훗날 죽으면서 마지막으로 남긴 말은 뭐였을까? "내 작전은 성공적이었으나 부하 군인들 때문에 망했다." 나는 그 장면을 보는데 절로 실소가 나왔다. 남의 탓을 하는 가장 대표적인 투사의 심리를 그 장군이 보여주었기 때문이다.

상담을 하다 보면 지지치료나 통찰치료가 어려운 경우가 있다.

지지치료란 말 그대로 상대를 격려해주는 것이다. 예를 들어 부모를 잃고 힘들어하는 사람에게 얼마나 마음이 아프겠는가 하고 공감해주면서 이 힘든 과정을 같이 이겨나가자고 용기를 북돋아주는 일이다. 필요한 경우에는 그 마음의 아픔을 경감시켜주는 약물치료를 병행하기도 한다. 이는 정신의학에서 가장 많이 사용되는 치료법 중 하나다. 힘든 일과 스트레스로 지쳐 있는 사람들이 정신과를 찾기 때문이다. 그들은 세상으로부터 받지 못한 위로와 격려를 받고 싶어 한다.

통찰치료는 자신이 왜 힘들어하는지 그 원인을 알고 스스로 책임져야 하는 부분이 어느 정도인지, 또 환경의 문제는 어느 정도인지를 파악해 문제점을 스스로 고쳐나가도록 돕는 치료 방법이다. 이 과정에서는 과거도 돌아보고 그동안 보고 싶지 않았거나 볼 수 없었던 문제점에 대해 직면한다. 그러므로 자아강도가 강하지 않은 사람들에게는 권하지 않는 치료 방법이다. 일명 분석치료라고도 하는데 그 치료를 창시한 프로이트조차 효과를 볼 수 있는 사람은 제한되어 있다고 주장했다(그의 표현에 따르면 정신분석이란 '맑은 정신으로 악마, 즉 비합리성이라는 악마와 싸우는 것'이다).

한번은 음식을 먹는데 그것을 삼키지 못하는 문제로 찾아온 사람이 있었다. 이비인후과나 다른 신체적 문제는 전혀 없었다. 이 경우 정신의학적 병명은 '글로부스 히스테리쿠스(Globus Hystericus, 감정적 요소가 신체에 영향을 주어 가슴에서 공과 같은 것이 치밀어 올라와

목구멍을 메우거나 목에서 오르내리는 느낌을 호소하는 증상. 요즘에는 신체형 장애로 진단한다)'이다. 상담을 하다가 알게 된 그의 진짜 문제는 그가 주위 사람에 대한 분노의 감정을 억제하지 못한다는 것과 그런 분노를 갖고 있다는 사실 자체를 자책한다는 것이었다. 즉, 해결되지 못한 심리적 분노가 마치 목에 무언가가 걸려 음식을 삼키지 못하는 증상으로 나타난 것이다. 그는 증상의 진짜 원인을 알고 그 심리를 받아들이면서 상태가 매우 좋아졌다.

이 과정에서 때로는 인지치료를 병행하기도 한다. 인지치료란 자신의 생각 중에서 잘못된 부분을 수정해나가는 것을 말한다. 그런데 지지치료, 통찰치료, 인지치료 이 세 가지 치료가 다 힘든 경우가 있다. 주로 자기 연민이 매우 강하고 자신이 감당해야 할 책임을 모두 다른 사람 탓으로 돌리는 경우다. 그러한 과정은 매우 교묘하게 이루어지기도 한다.

사람들이 조금이라도 잘못된 행동을 하면 꼭 지적을 하고 야단을 쳐야 하며, 그때 자기 분노를 조절하기 어렵다는 문제로 상담을 원한 사람이 있었다. 그는 자기가 한 말에 상대가 제대로 대답하지 못하거나 말을 알아듣지 못해 두 번 반복하게 되면 견딜 수 없게 화가 난다고 했다. 상담을 하는 표정도 분노로 가득 차 있었다. 이야기를 나눠보니 과거 성장 과정에서 경험한 일들로 부모에 대한 원망과 형제에 대한 분노가 가득했다. 그들 때문에 내가 이렇게 되었다는 것이다. 결혼을 해서도 모든 것이 다 배우자 탓이었다. 아내가 가정도 제대로 돌보지 않고 애도 못 키운다는 것이었다.

그런데 이야기를 하다 보니 아내에 대한 그의 잔소리와 간섭이 너무 심하다는 사실이 드러났다. 하지만 역시 그는 자기 문제를 전혀 인정하지 않고 오로지 배우자 탓, 부모 탓만 고집했다. 사회에서 만나는 사람들도 자기와 수준이 맞지 않는다는 이유에서 다 비판의 대상이 되었다. 그러면서 자신은 옳고 열심히 살아왔으며 뛰어난 능력을 가지고 있다는 자만심이 대단했다. 한편으로는 자기처럼 힘들게 살아온 사람이 없다고, 스스로에 대한 연민 또한 상당했다. 다른 사람들이 겪는 고통은 자기에 비하면 아무것도 아니라는 식이었다.

이처럼 자만심과 자기 연민이 강하고 오직 남 탓만 하는, 즉 투사의 방어기제를 쓰는 사람에게는 공감해주고 지지해주는 지지치료는 응급 방편일 뿐이다. 오히려 자기 연민이 더 강화될 수 있기 때문이다. 분석치료나 인지치료도 그다지 도움되지 않는다. 왜 나를 힘들게 하는 사람들 때문에 내가 힘들게 내 마음을 들여다보고 내 생각을 바꾸어야 하는지 이해를 못 하기 때문이다. 이런 경우 내 경험에 따르면 자신의 특성을 보다 더 우뇌적으로 그림처럼 보여주는 명리심리학 치료가 도움이 된다.

그럼 명리학적으로도 그러한 투사의 기제를 특별히 더 많이 쓰는 사람을 알아낼 수 있을까? 물론 그렇다. 첫째는 일간의 기가 대단히 강한 경우다. 이 경우에는 자만심이 강해 남의 말을 듣지 않는다. 강한 사주인 만큼 자기를 통제하는 관(官)의 오행이 드러나지 않거나 없다. 따라서 뭐든지 자기 뜻대로 해야 직성이 풀리는 것이다. 자신이 가진 기를 방출하는 기운이 너무 강한 경우도 이에 해당한다. 앞서 예로 든 사례처럼 무슨 일이든 자기 마음대로 되지 않으면 남 탓을 하는 투사의 기제가 몹시 강할 수밖에 없다. 거기에 성장 과정에서 가족으로부터 제대로 이해받지 못하거나 소외당하는 경험이 더해졌다면 상황은 더 나빠질 수밖에 없다. 즉, 세상의 모든 것이 다 내 뜻대로 이루어져야 하는 특성을 지녔는데, 성장 과정에서 주위 사람에게 상처를 받았으면 '특별한 대접을 받아야 하는 내가 왜 이렇게 힘들게 살아야 하는가'라는 심리로 투사의 기제가 형성되는 것이다.

그들에게는 일차적으로 심리검사를 진행하고 그 결과를 설명해주는 자리에서 명리학적으로 자신이 갖고 태어난 특성을 자세히 알려주는 과정을 거친다. 그러면서 지나친 것은 절제하고 모자란 것은 채워 넣어야 한다고 강조한다. 그러면 대부분 그것을 이해하고 받아들이는 모습을 보인다.

명리학적으로 자신을 아는 것이 중요한 이유는 이 밖에도 여러 가지가 있다. 나는 그중 하나가 내 성격적인 결함들이 어쩌면 모두 다 내가 잘못해서 생긴 것만은 아니라는 걸 비로소 이해하는 데 있다고 생각한다. 내가 그런 요소들을 처음부터 타고난 이상, 다 내 잘못이 아니라는 걸 아는 것만으로도 얼마나 큰 위로가 되는지 경험해본 사람은 안다. 즉, 그것이 내 탓도 아니고 내 부모 탓도 아닌, 단지 내가 태어난 그 시점의 우주의 기가 나를 그렇게 만들었다는 것을 수용하면 내가 나를 조금은 이해할 수 있는 마음의 여유가 생겨난다. 우린 누구나 설악산에 가서 왜 백록담이 없느냐고 항의하지 않는다. 그런 것처럼 자신을 있는 그대로 받아들이고 거기서부터 서서히 시작해 심리적으로도 자신을 점차 알아가는 과정을 거치다 보면 치료효과가 훨씬 더 좋아질 가능성이 높다. 즉, 내담자가 갖고 있는 투사의 심리를 처음부터 고치라고 하면 반발하지만, 그럴 수밖에 없는 이유를 이해하고 수용하게 만들면 그다음에는 '내가 지나치니 고쳐야겠군요' 하고 받아들이는 경우가 대부분이다.

어느 날인가 심리치료와 명리학을 병행해서 상담을 끝낸 사람에게 소감을 물은 적이 있다. 그의 대답은 간단명료했다. 마치 자기 자신을 그림으로 보는 것처럼 분명하게 이해할 수 있게 되었고, 그 지점이 가장 좋았다는 것이다. 앞서 남 탓만 하는 투사의 방어기제가 높은 경우에도 마찬가지다. 심리적으로 원인을 규명하려고 들면 결국 자신의 책임을 받아들여야 하는데, 그것을 가장 못 받아들이는 경우가 바로 이 투사의 기제가 심한 사람들이다. 그들에게 명리학적으로 마치 그림을 보여주듯이 성격적인 특성을 설명하고 "이 모든 것이 꼭 당신 탓만은 아니다. 하지만 바로

잡을 수 있는 사람은 당신밖에 없다"라고 하면 대개의 경우 두말 없이 그것을 받아들인다.

물론 이것은 앞서 말한 것처럼 우리의 집단 무의식이 심리에 미치는 영향 때문이기도 하다. 타고난 팔자소관이라는 데에 더 이상할 말이 없는 것이다. 하지만 그러한 면들이 분명 우리에게 도움이 된다는 점은 의심할 여지가 없다.

음과 양으로 표현되는
철저한 삶의 이중성

정신의학과 명리학에는 또 다른 공통점이 있다. 두 학문 모두 우리 삶의 이중성에 대해 너무나 잘 이해하고 있다는 점이다. 누구나 젊은 날에는 자신이 뜻하는 대로 인생이 흘러갈 것이라 생각한다. 내가 마음만 먹으면, 내가 열심히 노력만 하면 그대로 이루어지리라고 여기는 것이다. 그래서 명리학에서는 젊음을 아름드리나무, 즉 갑목(甲木)에 비유한다. '갑(甲)'이라는 한자어는 초목의 싹이 씨의 껍질을 인 채 밖으로 돋아난 모양을 형상화했다. 젊음의 특성을 대단히 절묘하게 묘사하고 있는 셈이다. 그러한 젊음도 삶의 질곡을 겪다 보면 어느새 여기저기 구부러진 모양으로 변한다. 그 역시 절묘하게 표현해놓은 것이 한자어 '을(乙)'이다. 이른 봄에 나온 초목의 싹이 곧게 돋아나지 못하고 구부러진 모양을 나타내고 있다. 그러한 의미에서 우리 인간의 삶은 '갑에서 시작해서 을로 끝난다'고도 할 수 있다.

삶의 여정에서 우리는 많은 것을 경험한다. 지인 중에 불우한 환경에서 성장해 크게 성공한 사람이 있다. 그의 어린 시절은 알코올 중독이던 아버지로 인해 좌절과 울분으로 가득했다. 다행히 그는 그 어려움을 이겨내고 열심히 공부해서 외국에 취업을 나갔는데 이번에는 그곳에서 아는 사람에게 배신을 당하고 말았다. 지독한 생활고에 아내와의 갈등도 깊어진 그는 자살을 결심했다. 술을 몇 병 사 들고 주변에서 가장 높은 산으로 올라갔다. 절벽에서 떨어져 죽을 생각이었다. 그런데 못 마시던 술을 마시고 하늘에다 분노를 폭발하다 보니, 그만 진이 다 빠져서 잠이 들고 말았다.

다음 날 아침 그는 따뜻한 기운을 느끼며 잠에서 깼다. 그 순간 그는 자신이 한 발만 움직이면 절벽 아래로 떨어질 수밖에 없는 바위 위에 누워 있다는 것을 알아차렸다. 마침 해가 떠오르면서 자신을 비추는데 그렇게 따뜻할 수가 없었다. 점점 퍼져가는 햇살 속에서 그는 자신이 울고 있다는 사실을 깨달았다. 그렇게 실컷 울고 나니 말할 수 없는 평안이 마음을 가득 채웠다. 그는 툭툭 털고 일어나 산길을 내려오기 시작했다. 그 길은 올라갈 때와는 달랐다. 물론 길 자체가 변한 것도 아니고 자신의 상황이 변한 것도 아니었다. 그러나 그는 다시 한번 싸워나갈 용기를 얻었고 하나씩 문제를 해결해나가기 시작했다.

그의 사례에서 보듯이, 삶은 우리를 시험에 들게도 하지만 살아날 길도 마련해준다. 대부분 힘든 시간을 버텨야 하지만 그 과정에서 어느 한때 문득 삶의 경이로움을 경험하는 순간들이 있는 것이다. 대부분 그것은 자연에서 나온다. 깜깜하던 하늘이 동쪽에서부터 붉게 밝아오다가 어느 순간 갑자기 환해지는 것을 보고 터져 나오는 감탄, 이른 아침에 산책을 나가 만나는 작은 새들의 지저귐, 연못에 사는 개구리의 귀여운 도약과 비 온 뒤에 활짝 피어오르는 연꽃의 아름다움 등에서 자연이 보이는 놀라운 치유력을 한 번도 경험해보지 않은 사람은 없을 것이다. 그것은 인간관계도 마찬가지다. 우리는 인간관계로 인해 상처를 받지만 또한 우리를 위로해주는 사람들로 인해 치유를 경험한다.

그처럼 삶의 모든 것은 이중적이다. 즉, 생성이 있으면 소멸이 있고, 밝음이 있으면 어둠이 있다. 창세기에 보면 하느님이 가장 먼저 만든 것은 빛과 어둠, 그리고 낮과 밤이다. 그다음에 만든 것이 하늘과 땅이다. 그리하여 우리가 사는 우주에는 시간과 공간, 어둠과 밝음이 함께 존재한다고 성경은 말하고 있다. 그것은 명리학과 주역에서 말하는 음과 양과도 일맥상통한다. 양(陽)은 말 그대로 햇볕이 내리쬐는 밝은 언덕이고 음(陰)은 햇볕이 사라진 그

늘이다. 그리고 두 학문 모두 인생사 모든 것이 이 음과 양, 양과 음에서 출발한다는 것을 기초로 하고 있다. 결과적으로 밝음과 어둠, 빛과 그림자, 낮과 밤처럼 서로 대비되는 것이 함께 존재하는 게 우리의 삶이다.

정신의학에서는 프로이트에서 비롯한 '에로스(Eros)'와 '타나토스(Thanatos)'의 이론이 있다. 쉽게 말해 에로스는 살려는 의지, 즉 삶에 대한 본능을 나타내고, 타나토스는 자기를 파괴시켜 죽음에 이르고자 하는 의지, 즉 죽음을 향한 본능을 의미한다. 그 이중성은 철저할 정도로 대비된다. 그리고 우리 내면에는 그 이중적인 욕망이 혼재하면서 여러 가지 문제를 일으킨다. 그래서인지 에로스와 타나토스의 이미지는 수많은 문학작품을 포함해 여러 예술 분야에서 지금까지도 큰 영향을 미치고 있다. 때로는 철저하게 대비되거나 혹은 다양하게 혼재하는 모습으로.

그 정도는 아니지만 융의 이론 중의 하나인 외향성과 내향성도 이중성의 전형이라고 할 수 있다. 외향성이란 정신적 에너지가 밖으로 향하는 성향을 말하고 내향성이란 반대로 자기 안으로 파고드는 성향을 말한다. 역시 정반대의 대비를 이루고 있다는 점에서 이중적이다. 그것은 인간의 감정 중에서도 찾을 수 있다. 사랑과 미움이 공존하는 것이 그것이다. 그러한 애증의 이중성 역시 수많은 영화와 드라마, 소설의 소재가 되고 있다. 그뿐인가, 우리는 인간관계에서도 가까운 사이에서 가장 많이, 그리고 가장 큰 상처를 주고받는다는 역설 속에 살고 있다. 그것 또한 우리의 삶이 가진 이중성이다. 그리고 그 모든 대비되는 인생사를 우뇌적인 이미지로 나타낸 것이 바로 명리학이 말하는 음과 양이다.

나아가 명리학은 사주팔자를 통해 그것을 보여준다. 예를 들어 사주팔자에서 자신을 상징하는 오행이 나무인 사람이 있다고 하자. 그의 사주에는 물이 필요하지만 그렇다고 해서 지나치게 많으면 곤란하다. 물이 범람하면 나무는 떠내려가거나 썩어버리기 때문이다. 햇빛 역시 지나치면 나무가 말라 죽고 땅이 너무 광대하면 나무가 아무리 뿌리를 내려도 끝이 보이지 않는다. 가지치기 또한 필요하지만 지나치면 기둥까지 잘라내고 마는 수가 있다. 흔히 말하는 '죽고자 하면 살고 살고자 하면 죽는' 삶의 이중성이 우리의 사주팔자에도 녹아 있다는 이야기다.

그처럼 양극단에 치우치지 않고 중간을 따를 수 있다면 좋겠지만, 즉 내 인생에 꼭 필요한 균형과 조화를 갖추면 좋겠지만 어느 인생에도 그것은 쉽게 허락되지 않는다. 사람들과 이야기를 나누다 보면 남들이 보기에는 모든 것을 다 갖춘 듯이 보이는 사람도 그 나름의 고민이 있다는 걸 알 수 있다. 자녀 문제, 부모 문제, 배우자 문제, 경제적 문제, 인간관계 문제 등 자기 운명의 크기에 따라서 그 문제가 작거나 크다는 차이만 있을 뿐이다. 그리고 우리는 내가 경험한 고통의 크기가 클수록 저편에 있는 밝고 희망찬 삶이 무엇을 의미하는지 절실히 깨닫는다. 앞서 이야기한 지인의 사례가 보여주는 것도 바로 그 지점이다. 그리고 나는 그러한 삶을 이해하는 데 기초가 되는 학문이 곧 정신의학이고 명리학이라고 생각한다.

삶에 대한 이해는 인간관계의 갈등에 대해서도 다시 한번 생각하게 한다. 좀 더 자세히 살펴보겠지만 내 사주팔자를 이루는 여덟 개의 오행 안에서도 합(合)하고 충(沖)하며, 극(克)하고 생(生)하는 복잡한 관계가 일어나는데, 하물며 내 주위에 있는 수많은 사람과의 관계에서는 어찌 갈등이 없을 수 있을까. 명리학은 그것을 이해하고 받아들이게 하는 학문인 것이다.

결론적으로 두 학문은 있는 그대로의 나를 이해하게 해준다. 즉, 자연과 삶에도 여러 모순이 존재하듯이 내 안에도 모순이 있을 수밖에 없으며, 그 모순을 어떻게 다스려갈 것인지가 내가 노력해야 할 부분이라는 것을 알려주는 학문인 셈이다. 정신의학은 자신과의 관계에서 스스로 균형 잡지 못한 생각과 감정, 행동을 고쳐나가는 것이고, 명리학은 그러한 방법을 자연에서 배워나가는 과정이라고 볼 수 있다. 이처럼 두 학문은 우리 자신에게 화해를 청하는 법을 알려주는 학문이라는 게 내 생각이다.

오늘도 서먹서먹한
세상의 모든 부자(父子)들에게

내가 명리학을 공부하다가 무릎을 친 이유가 또 있다. 어떤 점에서는 바로 그것 때문에 더욱 명리학에 빠져들었다고도 볼 수 있다. 그것은 바로 명리학에서 '오이디푸스 콤플렉스(Oedipus complex)'와 연관된 이론을 발견했기 때문이다.

오이디푸스는 그리스 신화에 나오는 인물이다. 그는 테베 왕의 아들로 태어났지만 아버지를 죽이고 어머니와 결혼하게 되리라는 신탁 때문에 고난의 길을 걷는다. 신탁을 두려워한 왕이 그가 태어나자마자 산속에 버린 것이다. 다행히 목동에게 발견되어 목숨을 건진 그는 운명의 이끌림에 따라 이웃나라의 왕자로 성장하고, 결국 신탁의 예언대로 아버지인 선왕을 살해하고 만다. 그런 다음 테베의 왕이 된 그는 상대가 어머니인 줄도 모르고 선왕의 아내인 왕비와 결혼하게 된다.

그런 오이디푸스의 일생에 주목한 정신의학자가 바로 프로이트다. 그는 성장 과정에서 아이가 이성의 부모에게 끌리는 심리를 여기에 빗대 오이디푸스 콤플렉스라 이름 붙였다. 프로이트는 남자아이가 애착을 넘어서 어머니를 독점하고자 무의식적으로 아버지에게 저항하는 심리나(그렇지만 겉으로는 그런 심리를 드러내고 싶지 않아 순응하는 척하면서도 내면으로는 아버지를 경쟁자로 여긴다), 반대로 여자아이가 아버지를 독점하고 싶어 어머니를 미워하는 심리를 모두 오이디푸스 콤플렉스라고 했다[후자의 경우 융은 엘렉트라 콤플렉스(Electra complex)라고 했다].

그는 태어나서 한 살까지 입으로 세상의 모든 것을 알아가는 시기인 구강기를 거쳐, 2~3세 때 대소변 훈련을 하며 부모와 부딪치는 시기인 항문기를 지나, 세 번째 시기, 그러니까 자신의 성기에 관심을 갖는 3~5세의 남근기에 이러한 현상이 일어난다고 했다. 이때 아이들은 자기 성기에 관심을 갖게 되면서 가장 먼저 접하는 이성인 부모에게 애착과 소유 욕구를 느낀다는 이야기다. 사춘기에 아들이 어머니를 무시하는 이유 중 하나도 오이디푸스 콤플렉스와 관련이 있다. 그때 이차 성 특징과 성 호르몬의 분비로 성에 대한 욕구를 느끼면서 어머니에게 무의식적인 충동을 느끼지만, 그때는 남근기와 달리 자아와 초자아가 형성되어가는 과정이므로 그러한 충동을 억압하기 위해 반동형성(反動形成)으로 어머니에게 더 반항하는 행동을 보이기도 하는 것이다. 하지만 프로이트가 살아 있는 동안 이 이론은 많은 정신의학자에게 지탄을 받기도 했다. 다행히 임상에서 그러한 현상을 많이 보면서 정신의학계에서는 다시금 그의 날카로운 통찰력을 받아들이게 되었지만 말이다. 나 역시 임상에서 오이디푸스 콤플렉스 이론이 맞는다는 것을 시간이 지날수록 더 많이 경험하고 있다.

어느 나라, 어느 문화에서나 아버지와 아들은 관계 형성이 어렵다. 아버지는 아들을 견제하고 아들은 아버지에게 경쟁심을 느낀다. 어머니와 딸의 관계도 그러하다. 어머니는 자기보다 나은 딸, 그리고 남편이 자기보다 딸을 더 사랑하는 것 같으면 질투심을 느끼며, 딸도 남근기 때는 어머니와의 관계에서 경쟁심을 느낀다. 그리고 부모들도 그러한 심리를 조장한다. 그래서 아이들에게 "아빠가 더 좋아? 엄마가 더 좋아?"라고 물어보는 것은 피하는 편이 좋다.

이러한 오이디푸스 콤플렉스가 건강하게 해결되면 좋은 부모 자녀 관계가 형성되고 나아가 건강한 이성관계를 형성할 수 있다. 그러나 자칫 그 문제가 해결되지 않으면 내내 갈등의 요인이 된다. 예를 들어 아버지에 대한 집착이 너무 심한 딸은 자기 어머니를 미워하고 결혼 후에도 아버지처럼 자기를 매사 아껴주지 않는 것 같은 남편에게 분노를 표출한다. 반대로 차갑고 이기적이며 지배적인 어머니와 자유분방한 기질을 가진 아들이 만나면 아들은 어머니에게서 멀어지려고 하는 심리를 이성관계에서도 무의식적으로 반복해 그 누구와도 지속적인 관계를 맺지 못한다. 그런 사례는 임상에서 차고 넘친다. 아버지처럼 되지 말라는 어머니의 반복적인 교훈에 의해 아버지와 달리 강하고 마초적인 남성으로 자기를 만들려고 하지만 타고난 기질이 그게 아니어서 절망한 남자의 사례도 있었다.

아버지가 아들을 꺾으려고 하는 경우는 너무나 흔하고, 반대로 아버지를 뛰어넘고 싶어 하는 아들의 경우도 흔하다. 역사 속에서도 그러한 예는 너무도 많다. 역사적으로 유명한 사람들 중에는 죽는 날까지 아버지와 등을 지고 살았다는 남자들의 이야기가 넘쳐난다. 그런데 명리학적으로도 나와 내 부모의 관계가 아주 중요하게 작용한다. 사주 안에 부모를 뜻하는 글자[3장에서 설명하겠지만 이를 '인수(印綬)'라고 한다]가 없는 경우, 일차적으로는 인간과 삶에 대한 근본적인 자비심과 인내력이 부족하다고 해석한다. 내 삶의 뿌리가 없어서 늘 마음속으로 붕 뜬 느낌이 드니 그럴 수밖에 없다는 것이다. 반대로 부모를 상징하는 글자가 너무 많아도 과잉보호를 받는 아이처럼 자기중심적인 특성을 갖게 된다. 또한 남자의 사주에 아들, 즉 자식은 자기를 극하는 오행에 해당한다. 그것을 관의 오행이라고 하는데, 이는 사회운을 나타내기도 하지만 남자에게는 아들을 상징한다. 예를 들어, 자신을 상징하는 오행이 수인 남자의 경우에는 토의 오행이 있으면 자기 아들을 상징하는 글자가 된다. 즉, 물이 흘러가는 것을 막는 것이 흙이므로 극하는 관계에 놓이는 것이다.

그것을 정신분석에 대입하면 영락없이 오이디푸스 콤플렉스와 맞아떨어진다. 명리학적으로도 자식은 아버지를 밟고 일어서는 존재라는 것을 나타내고 있기 때문이다. 현실적으로 아들이 아버지를 내쫓고 자기가 왕이 되거나 한 기업의 장이 되는 이야기는 우리도 흔히 보고 듣는다. 나로서는 명리학에서 처음 그 이론을 발견했을 때 너무나 흥미로웠던 기억이 아직도 생생하다.

여성의 경우도 잠깐 언급해보기로 하자. 여성에게는 일간의 기를 빼앗아가는 오행[내 것을 내주는 오행으로 이것을 식상(食傷)이라고 한다]이 자녀를 상징한다. 예를 들어 일간이 수인 여성에게 자녀에 해당하는 오행은 목이다. 나무에 물을 주어 나무가 자라나는 것을 그려보면 알 수 있다. 요즘은 여성이 꼭 그렇게 자식을 위해 희생하는 삶을 살아야 하는가 하고 주장하는 사람들도 있지만, 인류의 역사상 여성, 특히 어머니는 자녀를 위해 자신의 모든 것을 내주는 존재였다는 것이 명리학에서도 그대로 나타난다.

명리학의 이론을 만든 옛사람들이 이미 그 옛날부터 부모자식 간의 미묘한 갈등, 특히 부자간의 갈등에 대해 알고 있었다는 것은 정말 흥미로운 일이 아닐 수 없다. 그리고 만약에 내가 명리학에 대해 잘 알지 못했다면 그러한 사실이 있는지조차 몰랐을 내용이다. 새삼 학문의 세계에서도 연관성의 힘이라는 게 존재한다는 것을 강하게 느낀 배움의 순간이었다.

새삼 인간이
자연의 일부라는
겸손함을 배우다

얼마 전의 일이다. 무릎을 조금 다쳐서 대학 동기가 운영하는 병원을 찾았다. 낯선 곳이 아닌지라 편안한 마음으로 진료를 받을 수 있었다. 그런데 MRI 촬영을 위해 사방이 온통 하얀 방에 잠깐 나 홀로 있게 되었을 때였다. 갑자기 약간의 패닉이 와서 조금 당황스러웠다. 생각해보니 그곳에는 시계가 없었다. 시계가 없으니 내가 그곳에 얼마나 있었는지 감조차 오지 않으면서, 나도 모르게 숨이 막히는 듯한 순간을 경험했다. 그러면서 새삼 시간이라는 것을 만들어낸 옛사람들의 지혜에 감사하는 마음이 들었다.

아마도 옛사람들은 하늘에서 태양과 달과 별의 움직임을 계속

해서 살피다가 어느 시점이 되면 같은 자리로 돌아온다는 것을 알게 되었을 것이다. 아침이 되면 해가 뜨면서 밝아지고 저녁이 되면 해가 지면서 어두워진다. 그 자연의 변화를 기록하기 위해 인간이 만들어낸 개념이 바로 시간이다. 자연의 변화가 시간의 지도를 만들어낸 셈이다. 그리고 자신이 태어난 날의 생년월일시라는, 그 시간의 지도로 만들어진 것이 바로 명리학이다. 그런 의미에서 명리학은 철저한 자연의 산물이기도 하다.

한동안 인디언의 문화와 언어에 빠진 적이 있었다. 특히 인디언의 언어는 그 어감이 참 예쁘다. 예를 들어 나무를 뜻하는 단어는 '하늘을 향해 솟아 있는 키 큰 친구'라는 식이다. 이처럼 나무의 속성을 잘 표현하면서도 다정한 단어가 어디 있을까 싶다. 우리말도 알고 보면 그것 못지않은 경우가 많다. 우리말로 나무, 즉 나모의 원형은 '남'이라고 한다. '남'은 '땅 위로 솟다, 생기다'는 의미의 '나다(生)'와 어근이 같다. '새싹이 나다', '잡초가 나다'에서 '생기다', '솟다'는 의미로 쓰인 '나다'가 나무란 말의 어원이라는 이야기다. 따라서 나무란 땅 위로 솟아 생겨나는 존재라는 의미를 담고 있다.

그런데 인디언은 거기에 더해 나무에 '친구'라는 이미지까지 부여했다. 이처럼 인디언의 문화는 인간도 자연 속에서 태어나는 존재라는 것을 받아들인다. 사람의 이름도 '바위 밑에서 태어난 아이', '버섯과 같이 자라는 아이'라고 짓는 것을 보면 더 그렇다. 뒤에 가서 자세히 설명하겠지만 명리학의 가장 근본적인 이론인 오행도 인디언의 언어나 고유한 우리말처럼 자연에 그 원형을 두고 있다. 앞서 언급한 것처럼 오행이란 우주에 존재하는 모든 것을 이루는 다섯(五) 가지 에너지를 말하는데, 그 다섯 가지 에너지가 고정된 것이 아니라 끊임없이 다른 형태로 순환하므로 '행(行)'이라고 하는 것이다.

옛사람들은 봄이 오면 모든 것이 자라나는 것을 나무에 비유해 목이라고 했을 것이다. 여름이면 더운 것이 불과 같으니 화로 비유했을 것이고, 가을에는 모든 것이 열매 맺으니 금으로, 겨울에는 모든 것이 얼어붙으니 수로 비유했을 것이다. 그리고 그 오행의 변화는 바로 이어지는 것이 아니라 환절기를 겪으므로 모든 것을 포용하는, 즉 잠시 쉬어가면서 숨을 고르는 토의 오행이 존재한다. 특히 계절의 변화에서 환절기를 토에 비유해 그 이론으로 삼은 명리학의 지혜가 새삼 놀랍다. 우리가 환절기를 어떻게 겪어내느냐에 따라 몸과 마음의 건강이 달라지는 것처럼, 때로는 운의 흐름도 그러하기 때문이다.

그렇다고 나무에는 목의 기운만 있는 것이 아니다. 언젠가 「나는 자연인이다」라는 텔레비전 프로그램에서 나무의 기둥에서 수액을 뽑아내는 것을 본 적이 있다. 그런 것처럼 나무에는 물도 있다. 오행으로 치면 수의 오행에 해당한다. 나무가 화려하게 꽃을 피우면 마치 불꽃처럼 아름답기도 하다. 화의 오행이다. 가을에

밤이나 감처럼 열매를 맺으면 그것은 금의 오행에 해당한다. 그리고 땅속에 뿌리를 내린 것은 토의 오행이다. 즉, 목의 오행만 하더라도 나머지 다양한 오행이 들어 있다. 그리고 그것이야말로 자연의 이치이자 자연만이 갖는 물리학인 셈이다.

그런 의미에서 명리학은 대단히 담백한 학문이라는 것이 내 생각이다. 그토록 신비한 자연으로 자신을 비유하는 것처럼 신선한 학문이 또 어디 있을까 싶어서다. 한 개인의 사주팔자를 오행으로 풀이해보면 '여름날의 바다', '바위에 우뚝 선 소나무', '드넓은 들판에 핀 작은 나무' 등에 비유해 인간의 특성을 설명한다. 아마도 인디언의 문화를 제외하고 그처럼 자연과 깊숙한 인연을 맺는 학문은 명리학이 유일한 것 같다. 이러한 명리학을 공부하며 깨닫게 되는 것 중 하나는 인간이라는 특권의식에서 벗어나는 게 얼마나 중요한가 하는 것이다.

인간은 타고난 속성상 영원히 '갑질'에서 벗어나기 어려운 존재다. 그래서 어느 신부님은 "인간의 교만은 인간이 죽은 후 세 시간 후에 죽는다"라는 말을 하기도 했다. 그것이 인간의 핵심 심리인 나르시시즘(Narcissism)이기도 하고, 군림하고자 하는 속성이기도 하다. 어떤 의미에서 인간이 갖는 공격성향과 지배성향은 여기에서 나오는 게 아닌가 싶기도 하다.

그동안 내가 책을 쓰고 강의를 하면서 가장 강조한 부분 중에 단 한 가지만 꼽으라고 하면 바로 이 나르시시즘을 들 수 있다. 특히 나는 이 나르시시즘이 인간에게 가장 중요한 심리라는 것을 기회가 있을 때마다 이야기해왔다. 실제로도 살아가면서 나르시시즘이 인간관계와 사회생활에서 가장 중요한 역동이라는 것을 거의 매 순간 느끼고 있다. 철학자 에리히 프롬 역시 "나르시시즘은 동물로서 모든 생존본능을 상실한 인간에게 주어진 제2의 본능이다"라고 말했다. 즉, 나르시시즘은 한마디로 '내가 가장 소중한 존재로서 세상과 사람들이 그렇게 나를 인정해주기를 바라는 심리'이다. 다만 그것이 지나친 자기도취로 변질돼 남을 힘들게 하면 문제가 되는 것이다. 나르시시즘이 병든 사람들은 무의식적으로 끊임없이 남과 자신을 비교하고, 작은 일로도 남을 비난하고 비판한다.

진정한 나르시시즘은 내가 소중하듯이 남도 소중하다는 것을 아는 것이다. 그런 의미에서 볼 때 성경에 나오는 "네가 받고 싶은 대로 주라"라는 말씀처럼 '건강한 나르시시즘'을 정의한 것도 달리 없다. 정신의학적으로 말하면 나르시시즘이란 진정한 공감 능력이라고 할 수 있다. 많은 철학자가 이야기해온 것도 결국은 건강한 나르시시즘에 관한 부분이다. 칸트가 "인간의 삶에 가장 중요한 것이 존중"이라고 한 것이나, 헤겔이 "인정욕구가 모든 사회적 갈등과 범죄의 원인"이라고 한 것, 공자가 "내가 말한 것 중에서 가장 중요한 것은 바로 서(恕)다. 즉, 내가 기쁜 것은 남도 기뻐하고 내가 슬픈 것은 남도 슬퍼한다는 것을 아는 것이다"라고 한 것 모두 궁극적으로는 나르시시즘의 심리를 이해하는 게 우리의 삶에서 얼마나 중요한지를 강조한다. 다시 말해 우리는 모두 한 사람 한 사람이 다 소중한 존재라는 것을 이야기하고 있다. 그리고 그것이 바로 명리학에서 가르쳐주는 겸손함이 아닐까 한다.

명리학은 인간이 자연의 섭리에 따르는 이 땅의 모든 존재와 다르지 않다고 말한다. 인간 또한 자연의 기로 이루어진 자연의 한 존재일 뿐이라는 이야기다. 그러므로 명리학을 공부하면 인간으로서 갖는 자만심에서 벗어나 나라는 존재 또한 자연의 일부라는 겸손함을 배울 수 있다. 시인 헨리 데이비드 소로를 포함해 자연 속에 산 사람들은 이미 자연을 관찰하며 삶의 이치를 깨달았다. 그처럼 명리학을 공부하여 자연의 섭리에 관해 깊이 생각할수록, 인간이라는 존재가 정말 자연의 일부에 지나지 않는다는 것을 새삼 알게 된다. 생과 사를 포함해 삶에서 불가피한 모든 순환에 대해서도 있는 그대로 받아들일 수 있다. 삶에서 백 년 가는 꽃이 없는 것처럼 나 또한 그러하다는 걸 수용하게 되는 것이다. 오행의 순환의 이치가 내 삶에, 그리고 나의 특성에 고스란히 적용된다.

특히 계절을 보면서 생로병사(生老病死)의 이치에 대해 느끼게 되지 않던가. 봄이 되면 어김없이 새싹이 움트고 나무가 자라며 꽃이 핀다. 하루하루 도시의 풍경도 달라진다. 비가 내린 다음 날은 정말 아름답다. 무심코 지나쳤던 길가의 풀섶 사이로도 꽃이 피고 아스팔트 사이에서도 이름 모를 풀들이 자란다. 때로는 그들이 주는 생명력에 마음이 벅차오를 정도다. 겨우내 땅속에서 버텨왔던 그 인내심에 감탄하기도 하면서 말이다. 여름에는 그 모든 생명이 절정기에 이르다가 가을이 되면 낙엽이 들어 가을비와 더불어 떨어지는 모습을 우리는 가만히 지켜본다. 그사이에 병드는 생물도 있고 병들지 않고 그냥 노화하는 생물도 있다. 그렇게 떨어진 낙엽과 생물은 땅속에 파묻히며 생을 마무리하고, 이내 곧 또다시 봄이 온다. 모든 자연이 그러한데 그 자연의 일부인 내게 생로병사가 찾아오는 것은 너무도 당연하다. 그러니 이를 인정하면 삶 자체를 어느 정도 담담하게 받아들일 수 있다.

어쩌면 바로 그러한 면 때문에 적지 않은 사람들이 자기 문제를 정신과적으로 들여다보는 건 받아들이기 어려워하면서도, 자연의 이미지에서 가져온 명리학적인 설명은 쉽게 받아들이는 것인지도 모르겠다.

공부 잘하는 사주는
따로 있을까?

명리학은 내가 타고난 사주팔자에 갖고 있는 오행의 비율로 자신의 특성을 이해하고 앞날을 설계해나간다는 의미에서 '내 인생의 농사학'이라고도 할 수 있다. 실제로 사주를 분석해보면 성격은 물론이고 타고난 적성까지 어느 정도 알 수 있다. 내 임상 경험에 따르면 자신의 적성에 맞지 않는 전공을 택해서 고통받는 사람이 꽤 많다. 천부적으로 예술적인 소양을 타고나서 어릴 때부터 화가나 음악가를 꿈꿨으나, 부모의 권유나 강요로 다른 분야를 전공하면서 갈등의 골이 깊어졌다는 이야기는 헤아릴 수 없을 만큼 많다. 그런가 하면 어릴 때 딱히 공부하고 싶은 분야가 없다는 이유로 자신의 적성을 찾지 못하고 그냥 수능 점수에 따라 전공을 택했다가 실패하는 사례 역시 수없이 많다.

이렇게 자기가 타고난 적성을 알지 못하면 당사자는 말할 것도 없고 부모 자식 관계까지 망가지기도 한다. 물론 부모와 아이가 힘을 합쳐 어릴 때부터 아이의 적성에 맞는 진로를 찾아준다면 더없이 좋겠다마는, 그렇지 못한 경우가 더 많다. 아이가 원하는 공부가 있는데 부모가 반대해 그 뜻을 이루지 못할 수도 있고, 부모가 힘들여 찾아준 공부가 싫다고 아이 쪽에서 다른 길을 택할 수도 있는 것이다. 어느 쪽이든 일이 잘못되면 그 갈등과 원망과 분노의 드라마는 지독하게 처참한 결과를 낳기도 한다. 그런 사례 역시 임상에서 종종 경험하다 보니 날이 갈수록 이 문제, 즉 자녀의 적성과 진로를 어떻게 찾아줄 것인가에 관해서는 조언을 아끼지 말아야겠다고 생각된다. 그리고 명리학을 공부하면서 그런 생각이 더욱 견고해졌다.

적성과 진로에 관해서는 아주 다양한 심리학적 검사가 존재한다. 따라서 아이가 그런 검사를 할 수 있는 연령이 되면 가능한 한 병원에 데려와서 검사해볼 것을 권한다. 더불어 명리학을 통해 타고난 아이의 잠재적 능력과 삶의 흐름을 세밀하고 심층적으로 살펴보는 것이 도움이 된다. 그럴 경우 생각보다 훨씬 더 큰 효과를 거둘 가능성이 있다. 적성과 잠재력을 알아보는 시기는 사람마다 조금씩 차이가 있겠지만, 내 생각에는 자기 자신에 대해 스스로 생각하게 되는 사춘기 때가 적절하지 않을까 싶다. 적성과 공부, 진로에 관해 몇 가지 사례를 살펴보자.

[사례1]

공부에 뜻이 없는 경우

먼저 흔히 말하는 '공부 잘하는 사주'와 그렇지 못한 사주를 살펴보자(정말 안타깝지만 분명 그런 경우가 있다). 학문적으로 공부를 잘하려면 '이 세상에 나라는 도장을 찍어 존재를 알린다'는 의미를 가진 인수가 그 사주에서 귀하고 힘이 있어야 한다. 인수란 한마디로 말해 나를 상징하는 오행의 근원이 되는 글자다. 예를 들어 일간이 수인 경우 금의 오행이 인수에 해당한다. 자연에서 물은 바위틈에서 흘러나오기 때문이다. 그래서 그것을 오행의 생극(生克) 관계에서는 '금생수(金生水)'라고 표현한다. 이러한 오행은 여러 의미를 내포하고 있다. 첫 번째는 부모와의 관계를 상징한다. 나를 이 세상에 있게 한 것이 부모이기 때문이다. 두 번째는 학문적인 능력을 상징한다. 과거나 현재나 배움이 인간을 인간답게 만든다고 생각하기 때문이 아닐까 싶다. 세 번째는 인간과 삶에 대한 근본적인 자비심, 인내력을 상징한다. 그런데 일간이 강하면 이 인수가 별 도움이 되지 않는다. 오히려 강한 기운을 더 강하게 만들기 때문이다. 그런 경우에는 공부에 흥미도 없고 스스로도 공부하려 하지 않는다. 밖으로 그 강한 기운을 사용하려 하므로 한자리에 앉아서 공부하지 못하는 것이다. 이러한 자녀에게는 공부를 하라고 다그치기만 해서는 그다지 도움이 되지 않는다. 그 대신 아이의 오행의 기운을 잘 살펴서 아이에게 맞는 다른 적성을 빨리 찾아주어야 한다.

예를 들어 신체적인 기운이 넘치면 밖에 나가서 뛰놀고 싶어 한다. 하지만 기운이 없으면 밖에 나가서 노는 대신 조용히 집에서 책을 읽으며 시간을 보내고 싶어 한다. 그런 것처럼 일간이 강한 아이들은 그 기운을 밖에서 쓰길 선호하고, 실제로도 그러는 편이 좋다. 뛰놀고 싶어 하는 아이를 억지로 붙들고 있어 봤자 말 그대로 좀이 쑤셔서 공부를 하겠는가. 이런 아이들은 자기를 뛰놀게 하지 못하는 부모와 갈등을 겪을 수밖에 없다. 즉, 부모의 도움이 별로 필요가 없는 것이다. 자기가 다 알아서 한다고 생각하므로 부모와 갈등을 겪을 수밖에 없다.

반대로 신체적인 기운이 약하면 음식도 더 신경 써서 먹여야 하고 신체적으로도 보호를 해줘야 한다. 즉, 부모의 도움이 더 필요한 것이다. 그래서 인수가 그런 보호기능을 잘해주는 사주를 지닌 아이들이 공부를 알아서 한다. 인수가 인내력도 상징하기 때문이다. 이 아이들이 폭넓은 공부를 할 수 있는지, 아니면 교육 제도권 아래에서 답이 주어지는 공부를 잘하는지도 나누어 살펴볼 수 있다. 폭넓게 공부할 수 있는 능력을 편인이라고 하고, 후자를 정인이라고 한다.

앞서 내가 무엇이 홀린 듯이 주역과 명리학을 공부하게 되었다고 했는데, 실제로 내 사주에는 편인과 정인이 다 들어 있다. 즉, 정인에 해당하는 정신의학과 편인에 해당하는 명리학을 공부한건 내 운명이 아니었을까 싶다. 때로 인수가 약하거나 없지만 표현력, 감각적 역량, 아이디어 등을 뜻하는 식상이 강한 경우도 공부를 잘한다. 다만 이런 경우 사유적 학문보다는 자신의 창의성을이용해 바로 결과물을 창출해내는 학문에 더 능력을 발휘한다.

내가 생각하는 가장 좋은 방법은 먼저 정신의학적으로 인지기능검사를 해서 좌뇌적인 능력이 더 우수한지 우뇌적인 능력이 더 우수한지를 분석하는 것이다. 그다음에 적성 검사를 시행해 적성을찾는다. 그 후 명리학적인 분석을 더하면 입체적이고 통합적으로한 사람의 적성을 찾을 수 있다. 나는 실제로 수많은 임상을 통해정신의학과 명리학을 모두 적용할 때 가장 뛰어난 결과를 얻을 수있음을 확인하고 있다.

이쯤에서 한 아이의 사주를 살펴보고 적성과 기질을 파악해보자. 이 아이의 사주를 자연현상에 비유하면 '봄날의 대륙'이다. 일간이 무토(戊土)이므로 학문의 역량을 상징하는 인수는 화의 오행이 된다. 오행의 생극현상에서 화생토(火生土)이기 때문이다. 자연현상으로 설명하면 토의 오행의 근원, 즉 인수는 불이다. 꽁꽁

	시주	일주	월주	년주
일간과의 관계	겁재		편재	정인
간	기토 (己土)	무토 (戊土)	임수 (壬水)	정화 (丁火)
지	미토 (未土)	술토 (戌土)	인목 (寅木)	묘목 (卯木)
일간과의 관계	겁재	비견	편관	정관

얼어붙은 땅에서는 아무것도 자라지 못한다. 땅에 열기가 있어야 생물이 자라는 법이다. 그래서 선조들은 땅을 기름지게 만들기 위해 일부러 불을 지피기도 하지 않았던가. 그런데 이 친구의 사주에 인수를 뜻하는 정화(丁火)가 있지만, 이것이 임수(壬水)와 합해서 목의 오행으로 변하는 바람에 제 기능을 잘하지 못하고 있다(이는 사주명리학에서 대단히 중요한 이론이다). 또한 일간인 무토(戊土)와 같은 토의 오행이 무려 4개나 있어서 그 기가 대단히 강건하다. 그러니 인수의 도움을 필요로 하지도 않고 당연히 공부에도 뜻이 없는 것이다. 어린 시절에는 그나마 정화(丁火)의 기운으로 조금 공부를 했을지 몰라도 사춘기부터는 아예 공부와 담을 쌓기 시작했다. 게다가 식상은 드러나지 않고 비겁만 많으니 성격이 강하고 고집이 세다. 그래서 부모와 다투는 갈등도 많았다고 한다.

이 아이의 부모는 고민 끝에 나를 찾아왔다. 심리검사를 먼저 시행하고 아이를 만나 이야기도 나누어보았다. 당연히 명리학적인 분석도 함께 시행해서 앞서 설명한 사주를 얻을 수 있었다. 모든 것을 통합해본 끝에 나는 부모에게 아이를 믿어볼 것을 당부했다. 사주의 주인공에게는 궁극적으로 목과 토의 오행만 있는데, 이처럼 2개의 기로만 이루어진 경우 대부분 단순하지만 착하고 의리가 있으며 어두운 면이 없기 때문이다. 다만 공부에는 큰 뜻이 없으니 다른 길을 찾아보기로 했다. 이 아이의 사주상 가장 좋은 길은 사람들과 어울려 일할 수 있는 진로를 찾는 것이었다. 관을 뜻하는 목의 기운이 강하니 조직 생활을 하거나, 작은 가지를 상징하는 묘목(卯木)과 봄날의 나무에 비유할 수 있는 인목(寅木)이 있으니 운동 쪽도 괜찮겠다고 조언했다. 다행히 이후 그 아이는 운동 쪽으로 진출해서 자기만의 역량을 잘 발휘하고 있다. 더불어 부모가 아이의 강한 기를 이해하고 꺾지 않으려고 노력하다 보니 관계도 좋아졌다고 한다.

[사례2]

적성을 몰라 실패한 경우

이번에 살펴볼 사례의 주인공은 다음과 같은 사주를 갖고 있다.

이 사주를 자연현상으로 비유하면 '한겨울의 바닷물'에 해당한

	시주	일주	월주	년주
일간과의 관계	편관		겁재	겁재
간	무토 (戊土)	임수 (壬水)	계수 (癸水)	계수 (癸水)
지	신금 (申金)	신금 (申金)	해수 (亥水)	사화 (巳火)
일간과의 관계	편인	편인	겁재	정재

다. 그런데 자신과 같은 수의 오행이 무려 4개로 그 힘이 강건함을 넘어선다. 수의 오행이 무려 여덟 글자 중 네 글자인 것이다. 또한 수의 오행의 근원이 되는 금의 오행이 2개나 있어 그 기 역시 대단하다. 해월(亥月, 음력 10월)의 임수(壬水)의 오행이 상징하는 추운 바닷물을 따뜻하게 만들어주는 화의 오행이 하나 있지만, 월지의 해수(亥水)와 충이 되어 그 힘이 크지 않다. 이처럼 강한 수의 오행을 막아주는 것은 오로지 시에 존재하는 무토(戊土)인데, 그것이 이 사주의 주인공에게는 관운(官運)을 상징하는 편관이 된다. 이런 경우 유일하게 자신을 통제할 수 있는 무토(戊土)의 기운을 살핀다면 외교관이 가장 적성에 잘 맞는다. 그 분야에서 일한다면 명석한 두뇌와 흐르는 물의 기운을 살려 뛰어난 역량을 발휘할 가능성이 매우 높기 때문이다. 그런데 이 사람의 집안은 대대로 사업을 해오고 있었다. 그러다 보니 자기 자신과 부

모 모두 그 사업을 이어받길 원했다.

안타깝게도 그에게는 사업으로 돈을 버는 데 꼭 필요한 식상이 드러나지 않고 있다. 재물을 뜻하는 화의 오행이 1개 있으나 월지의 오행인 해수(亥水)와 충돌하니 그 돈은 내 돈이 아니라 다 남의 돈이라고 봐야 한다. 또한 재물을 뜻하는 오행 바로 옆에 비겁이 자리하고 있으니 내가 차지하기 전에 내 경쟁자가 먼저 가져가는 형상이다. 이처럼 비겁이 많은 사주에 재물을 뜻하는 글자가 약하면 설령 돈이 있다고 해도 내 돈이 아니라 남의 돈이라고 여겨야 한다. 사주 때문이었을까? 그는 손대는 사업마다 다 망하고 아무것도 할 수 없는 상태가 되어서야 나를 찾아왔다. 그런 사주를 명리학에서는 '군비쟁재(群比爭財)'라고 한다. 사업을 하면 절대 안 되는 사주가 바로 군비쟁재의 사주다. 한마디로 말해 내가 가진 돈을 빼앗으려는 사람들이 내 주위에 떼를 지어 포진해 있는 사주를 뜻한다. 문제는 이런 경우에 처음 사업을 하면 돈이 벌리는 것처럼 보인다. 거기에 혹해서 사업을 크게 확장하거나 동업을 하면 내 돈이 남의 돈이 되어버리고 만다. 그런데 임상에서 꽤 흥미로운 점은 이런 사주를 가진 사람들이 사업에 대한 꿈을 버리지 못하는 경우가 종종 있다는 것이다.

나는 그에게 외교관이 되었더라면 참 훌륭한 업적을 남겼을 텐데 정말 안타깝다고 말해주었다. 그러자 그는 놀란 목소리로 자신이 어릴 때 외교관을 꿈꾸었다고 말했다. 하지만 그의 부모는 그가 어릴 때부터 가업을 이어가는 것 외에는 진로를 생각하지 않았고, 오직 그쪽으로만 공부를 시켰다. 그는 중년의 나이가 되어서야 자신이 인생을 낭비한 것 같아 너무 허무하다며 한탄했다.

[사례3]

적절하게 부모와 타협한 경우

진로에 관한 문제로 부모와 다투고 난 후 나를 찾아온 사람이 있었다. 자신은 예술 분야로 진출하고 싶은데 부모는 상경계열 대학에 진학하라고 강력하게 요구한다는 것이었다. 그의 사주는 다음과 같았다. 이 사람은 화수목금토의 오행을 골고루 갖추고 있는데다가 양과 음 역시 각각 4개로 균형을 이루고 있다. 사주팔자 중에

	시주	일주	월주	년주
일간과의 관계	상관		정관	편재
간	경금 (庚金)	기토 (己土)	갑목 (甲木)	계수 (癸水)
지	오화 (午火)	축토 (丑土)	자수 (子水)	유금 (酉金)
일간과의 관계	정인	비견	정재	식신

계유(癸酉)와 기축(己丑)은 음의 오행이고 갑자(甲子)와 경오(庚午)는 양의 오행이다. 이 사람의 사주를 자연현상에 비유해보면 '추운 겨울날의 논과 밭'이라 할 수 있다. 앞서 이야기했듯이 땅이 제 구실을 해서 생명을 키워내려면 따뜻한 열이 필요하다. 따라서 화의 오행이 꼭 필요한 사주인 셈이다. 그런데 화의 오행에 해당하는 오화(午火)가 시에 있어서, 뒤늦게나마 공부를 할 수 있는 구조다. 다만 오행끼리 서로 끌리고 밀어내는 관계로 인해 서로 합되는 오행도 있고 부딪치는 오행도 있다. 이처럼 사주 안에 합과 충이 같이 있는 경우 마음이 이리저리 흔들리고 우유부단할 가능성이 높다. 하지만 식상에 해당하는 금의 오행이 2개나 존재하므로 자신이 원하는 방향으로 얼마든지 재능을 발휘할 수 있다.

정신의학적인 검사에서도 이 아이는 골고루 흥미와 재능을 발휘할 수 있는 역량을 지니고 있는 것으로 나타났다. 부모에게도 그 점을 설명해주고 아이와 충분히 대화를 나누어볼 것을 권했다. 몇 번의 치료 과정을 거치면서 아이는 부모와도 차츰 사이가 좋아졌다. 일단 부모가 아이의 말에 귀 기울이고 또 믿음을 표했던 것이다. 그 결과 이 아이는 부모가 원하는 방향대로 진로를 선택하겠다고 마음먹었고 현재 열심히 학업에 매진하고 있다.

재미로 보는
프로이트와 융의 사주

서양에 정신의학자들은 무수히 많지만 그중에서 양대 산맥은 단연코 프로이트와 융이라고 할 수 있다. 특히 프로이트는 인간이 어떤 존재인지를 알려준 역사 속 세 사람 중 한 명에 속한다. 바로 지동설을 주장한 코페르니쿠스와 진화론을 주장한 다윈과 함께다. 그리고 이들 모두 인간이 피하고 싶어 한 불편한 진실을 깨우쳐준 사람들이다. 코페르니쿠스의 지동설을 두고 괴테는 다음과 같이 말했다. "지구는 우주의 중심점이라는 엄청난 특권을 포기해야 했다. 이제 인간은 엄청난 위기에 봉착했다. 낙원으로의 복귀, 종교적 믿음에 대한 확신, 거룩함, 죄 없는 세상, 이런 것들이 모두 일장춘몽으로 끝날 위기에 놓인 것이다. 새로운 우주관을 받아들인다는 것은 사상 유례가 없는 사고의 자유와 감성의 위대함을 일깨워야 하는 일이다."

그러나 그의 사후에 인간은 두 번이나 그런 위기를 맞는다. 다윈의 진화론과 프로이트의 정신분석이론에 의해서다. 더 이상 인간은 거룩한 존재가 아니라 다른 생물들처럼 진화되어 나온 존재이며, 우리의 행동 이면에는 우리가 숨기고 싶고 실제로 숨겨온 진실들이 존재하고, 사실은 인간의 행동에서 가장 강력한 영향력을 행사하는 게 그 숨겨진 진실이라는 것을 알게 되었다.

내가 정신과 의사로서 수련 과정을 시작할 때 가장 갈등을 겪었던 부분도 바로 이 프로이트와 정신분석이다. 인간의 선함을 선함으로 받아들이지 못하고 거기에 어떤 노이로제적인 원인이 있을 가능성을 찾아야 했고, 인간의 정신기제 중에서 가장 최고라고 할 수 있는 '승화(Sublimation)'도 인간의 공격적, 성적 욕구의 표현이라는 분석 등은 한동안 받아들이기 어려웠던 기억이 있다. 그러나 실제 임상에서는 얼마나 프로이트가 위대한 정신분석가였는지 느낄 때가 많다. 한동안 그에 대한 비난의 목소리가 높았지만 그 위상이 흔들리지 않았던 것은 그의 이론이 맞기 때문이다.

하지만 당시에 프로이트는 많은 정신과 의사들로부터 비난의 대상이 되어야 했다. 그의 리비도 이론(우리의 무의식에 어린 시절의 성적 욕구에 대한 갈망이 가장 큰 영향을 미친다는 이론) 또한 많은 정신과의사가 그를 떠나는 계기가 되기도 했다. 융도 그중 한 명이다. 나중에 명리학을 공부하면서 두 사람의 사주를 분석해보고는 그들이 서로 맞지 않을 가능성이 높다는 것을 이해했다.

그럼 명리학적으로 두 사람은 어떤 관계이고 어떤 운명인가? 대개 서양 사람들은 생년월일만 기록되어 있지 시간을 찾기가 어려운데 프로이트와 융은 태어난 시간까지 기록되어 있다. 명리학적인 용어에 관해서는 3장에서 더 자세히 다룰 터이니 이 페이지에서는 이해할 수 있는 부분까지만 짚고 넘어가보자. 책을 다 읽고 난 뒤 다시 이 부분으로 돌아와도 좋겠다.

프로이트와 융은 음양의 개수가 2양 6음으로 같다. 오행의 구조로 보면 프로이트는 화의 오행이 2개, 수의 오행이 2개, 금의 오행이 1개, 토의 오행이 3개로 이루어져 있다. 한편 융은 목의 오행이 2개, 수의 오행이 2개, 토의 오행이 4개다.

두 사람은 모두 사유적인 사람들답게 토의 오행이 가장 많다. 토의 오행이 많은 사람들은 명리학적으로 철학적이고 사고지향적이다. 또한 흥미로운 것은 두 사람 모두 일주가 기축(己丑)으로 같다는 점이다. 이는 자연현상으로 논밭이 가장 풍성하게 자라날 때인 '여름날의 옥토'를 상징한다(좀 더 자세히 말하면 프로이트는 초여름의, 융은 늦여름의 옥토이다). 그중 두 사람의 일간인 기토(己土)는 논과 밭을 상징하며 일지의 축토(丑土)는 '물을 머금은 땅'을

프로이트: 1856년 5월 6일 18시 30분 출생

	시주	일주	월주	년주
일간과의 관계	편재		편재	정인
간	계수 (癸水)	기토 (己土)	계수 (癸水)	병화 (丙火)
지	유금 (酉金)	축토 (丑土)	사화 (巳火)	진토 (辰土)
일간과의 관계	식신	비견	편인	겁재

융: 1875년 7월 26일 19시 30분 출생

	시주	일주	월주	년주
일간과의 관계	정관		편재	편관
간	갑목 (甲木)	기토 (己土)	계수 (癸水)	을목 (乙木)
지	술토 (戌土)	축토 (丑土)	미토 (未土)	해수 (亥水)
일간과의 관계	겁재	비견	비견	편재

나타낸다. 인간의 삶에 가장 중요한 농사를 지을 땅이 여름날 물을 머금고 있다는 것은 곧 그들의 사주가 정신적으로 대단히 깊고 너른 사색이 가능한 구조라는 것을 의미한다.

한편 프로이트는 관에 해당하는 목의 오행이 드러나지 않는다. 이런 경우 대부분 누군가의 간섭이나 조언을 싫어한다. 다른 사람의 비판도 두려워하지 않는다. 실제로 그는 자신에 대한 평판에 개의치 않았다. 또한 지지에 있는 세 개의 오행이 합쳐져 자기를 표현하는 능력을 상징하는 오행으로 변한다[이러한 오행의 변화를 삼합(三合) 이론이라고 하는데 그 원리까지는 이 책에서 다루지 않는다]. 이에 따라 그는 순발력과 아이디어, 감각적인 면, 사물의 이면을 보는 능력, 표현능력 등이 그 누구도 따라오지 못할 정도로 우수하다. 마치 샘솟는 연못처럼 그에게서는 아이디어가 뿜어져 나온다고 할 수 있다.

프로이트처럼 세 개의 오행이 합쳐져서 큰 오행을 만들어내는 구조를 가진 사람들은 그 큰 오행이 뜻하는 정도가 어마어마하다. 회사로 비유한다면 신입사원부터 회장까지 한마음으로 움직여 세계적으로 손꼽히는 기업으로 만들어가는 구조라고 할 수 있겠다. 그러한 구조 덕분에 프로이트 또한 인류 역사에 큰 발자취를 남길 수 있었다. 그것은 프로이트가 자신의 특성을 호기심, 과감함, 집요함, 정복자, 모험가로 분석한 것과도 연관된다. 즉, 그는 명리학은 몰랐지만 자기 분석에 기초한 분석이론을 만든 천재답게 자신의 가장 근본적인 특성을 잘 이해하고 있었던 것이다. 한편 프로이트처럼 자신을 통제하고 비판하는 관의 오행은 드러나지 않으면서 자신의 아이디어를 표출해내는 역량이 강한 사람들은 때로 자기 도취적이고 자기중심적인 성향을 보인다. 프로이트의 비판자들이 그에게 독재자라고 한 이유도 여기에 있다고 할 수 있다.

　반면 융의 사주는 목, 수, 토의 오행으로 구성돼 있으면서 금의 오행이 드러나지 않는다. 금의 오행은 그에게 표현력이나 처세술 등을 상징한다. 또한 토 중에는 '여름날의 땅', '겨울날의 땅', '가을날의 땅'이 다 들어 있다. 이런 경우, 후중지신(厚重之神)이라고 해서 토의 오행이 상징하는 무겁고 신중한 면을 두루 갖추고 있다고 분석한다. 따라서 그는 표현하기보다는 사고하는 타입이다. 즉, 프로이트가 감각적이고 직관적이며 비판적인 유형이라면 융은 깊이 사고하고 매사를 신중하게 수용하는 유형이라고 하겠다.
　융의 사상이 동양사상에서 기원했다는 건 앞에서도 이야기했다. 토의 오행이 많은 사람들은 보다 삶의 근원적인 사유를 추구한다. 그리고 융도 프로이트처럼 두 개의 오행이 합쳐져서 새로운 오행을 만들어내는 구조가 존재한다. 융의 경우에는 그것이 자기통제와 절제, 자기비판력 등을 상징하는 목의 오행이다. 그가 프로이트에게 정신과 의사가 올바른 치료자가 되기 위해서는 자신도 치료를 받아야 한다는 교육분석을 제안한 근거도 그러한 사주학적 구조와 연관된다고 할 수 있다. 또 하나 특이한 점은 그의 사주 구조에서는 시간(時干)의 갑목(甲木)과 일간의 기토(己土)가 합쳐져 또 다른 토(土)를 만들어낸다는 것이다. 따라서 그는 자신을 절제하고 통제하면서도 자신의 세계를 더 넓혀나가는 사람이라고 할 수 있다. 또한 프로이트가 자신의 의견에 반대하는 사람들에게 각을 세우는 것과 달리 융은 자신과 다른 의견도 수용하는 면을 더 많이 갖고 있다.

융의 사주는 얼핏 보면 3개의 오행으로 구성된 것 같지만, 그러한 오행의 합의 결과로 실제로는 목과 토가 주가 된 구조를 이룬다. 그런 점이 융에게는 스스로를 억제하는 성향으로 나타난다고 할 수 있다. 그가 중년기에 우울증을 앓은 이유나, 인간 정신에서 좀 더 근원적인 이론인 그림자와 원형 이론을 만들어낼 수 있었던 것 또한 그러한 명리학적 구조와 상관관계가 크다고 하겠다.

결과적으로 융이 보기에 프로이트는 감각적이고 자기중심적인 인물로 보였을 가능성이 높다. 반면에 프로이트가 보기에 융은 너무 생각이 많고 자기 안에 갇혀 있다는 느낌을 받지 않았을까 싶다.

두 사람 모두 자신의 생각이 아주 강한 특성을 갖고 있지만 프로이트는 그러한 자신의 강함을 표현력으로 잘 녹여내 학문적으로 뛰어난 능력을 발휘하였으며, 융은 더 철학적이고 삶의 근원적인 모습을 찾는 카리스마를 갖추었다고 할 수 있다. 프로이트가 그의 사주에서 가장 중요한 날카로운 비판력과 예민성 등을 상징하는 금의 오행의 특성을 잘 살려 심층적으로 한 개인의 무의식까지 파고드는 정신분석 치료를 완성했다면, 융은 그의 사주에서 가장 중요한 토의 오행이 상징하는 수용성과 전일성을 잘 살려 자기 자신이 되는 개성화 과정을 주창했다. 또한 프로이트가 자신의 이론을 에로스와 타나토스처럼 대립되는 것으로 이분화했다면, 동양사상의 영향을 받은 융은 아니마와 아니무스에서 보듯이 대립이 아닌 대비를 주장했다. 나아가 그 대비되는 것이 모여서 하나가 된다는 전일성을 주장한 것도 흥미로운 사실이라고 하겠다.

여기에 하나 더, 프로이트가 사망한 1939년 9월 23일은 그의 사주에서 가장 중요한 구조인 삼합으로 형성된 오행을 흔들어 놓는 오행이 들어온다는 점이다. 그리하여 그의 사주를 떠받치고 있던 오행의 구조가 흔들리고 동시에 일간인 토의 오행의 근원이 되는 화의 오행을 물로 끄는 형상이 된다. 반면 융이 사망한 1961년 6월 6일은 융에게 가장 많은 토의 오행을 더 강하게 하는 화의 기운이 강했던 날이다. 따라서 그렇지 않아도 너무 많이 가져서 버겁게 느껴졌던 토가 더욱 강해져 그 기가 흐르기 어려웠던 날로 보인다.

3장

당신과 내가
우리가 되는
오행의 모든 것

“내 운명은 육십갑자 중에
겨우 네 개의 구성,
즉 여덟 글자에 불과하다.
이것은 곧 애초에 삶이
결핍에서 시작되었음을 의미한다. ”

눈빛만 봐도 통하는 사이,
숨만 쉬어도 어색한 사이

음식도 궁합이 맞아야 하는 것처럼 인간관계도 서로의 기가 맞아야 원만하다. 흥미로운 점은 인간관계의 궁합은 서로가 가지고 있는 오행의 기에 따라 달라진다는 것이다. 서로 필요한 오행의 기를 가진 사람끼리는 그 관계가 오래 지속되지만, 그렇지 않을 때는 인생의 어디쯤에선가 그 관계가 끝나버리는 경우가 많다.

내 경험에 의하면, 상대의 사주팔자 구조를 알면 나와 그 사람의 관계가 앞으로 어떠할지 대강 알 수 있다. 자석이 같은 극끼리는 서로 밀어내고 다른 극끼리는 서로 끌어당기는 것처럼 나의 부족한 점을 보완해주는 기를 가진 사람들과는 대개 그 관계가 오래간다. 예를 들어 사주팔자에서 나를 상징하는 오행이 수의 오행인 임수(壬水)라고 하자. 이때 나의 기가 약하다면 이를 보완해주는 수나 금의 오행을 가진 사람과 관계가 더 좋고 오래간다. 반면에 나를 누르는 오행인 토의 오행을 가진 사람과는 그 관계가 좋거나 오래가기가 어려운 부분이 있다. 목이나 화의 오행을 가진 사람과는 나의 기운이 적절할 때 좋은 관계를 유지할 수 있다. 특히 내가 겨울날 수의 오행인 경우에는 나를 따뜻하게 해주는 화의 오행을 가진 사람과 잘 지낼 수 있지만, 내가 여름날 수일 때는 화의 오행을 가진 사람이 나를 더 뜨겁게 하므로 서로 가까워지기가 어렵다.

때로는 처음부터 서로 기가 맞지 않아 아예 관계 자체가 시작되지 않는 경우도 있다. 나는 명리학을 공부한 지 얼마 되지 않았을 무렵 그런 경험을 했다. 당시에 나는 이 분야의 전문가들을 만나 이야기를 나눠보고 싶은 마음이 컸다. 마침 한 지인이 그런 사람을 알고 있으니 소개해주겠다고 해서 어느 모임에 참석해 그 사람을 만나보았다. 그런데 너무나 흥미롭게도 그 사람과 나는 인사를 나누자마자 서로 등을 돌리고 그 모임이 끝날 때까지 단 한마디의 말도 나누지 않았다.

너무 자연스럽게 일어난 일이라 왜 그랬는지 당시에는 미처 그 이유를 파악할 경황도 없었다. 그런데 나중에 살펴보니 그 사람과 나는 아예 처음부터 오행의 기가 전혀, 단 하나도 맞지 않았던 것이다. 나를 상징하는 오행과 상대의 오행이 부딪친 까닭이었다. 즉, 서로 상극의 구조를 갖고 있었다. 만약 끝까지 그 이유를 몰랐더라면 그와의 만남은 정말 이상한(당시에는 도저히 설명할 길이 없었다는 점에서) 트라우마로 남았을 가능성이 크다. 그 일이 있고 난 다음부터 나는 누군가와의 만남이 잘 이루어지지 않는다고 해서 크게 애달파하지 않는다. '아, 서로 오행의 기가 맞지 않는 모양이구나' 하고 생각하면 그뿐이다.

이와 비슷한 경험은 그 후에도 몇 번이나 더 이어졌다. 역시 처음 명리학을 공부하면서 그 재미에 빠져 있을 때였다. 사회적 모임에서 여러 사람을 만났는데 유독 한 사람을 만나면 온몸이 아파오는 경험을 했다. 하도 이상해서 그 사람에게 생년월일시를 알려달라고 했다. 나중에 그의 사주를 살펴보니 자연현상으로 비유하면 '물 위에 떠다니는 하나의 나뭇잎'이었다. 사주가 온통 다 물바다에, 그를 상징하는 글자 하나만 작은 나무를 상징하는 을목(乙木)이었던 것이다. 그런 사주를 갖고 어떻게 사회적으로 성공할 수 있을까 싶은 정도였다.

그런데 이 사주라는 것이 묘해서 자기가 살아남기 어려운 경우에는 자기 사주에서 가장 강한 기운으로 자신이 변하기도 한다. 이를 명리학적 용어로는 종격(從格)이라고 한다. 말 그대로 다른 오행을 따라가는 것이다. 그러면 원래 자신이 목의 오행을 타고났어도 그것이 수의 오행으로 변화해서 그대로 살아가게 된다. 실제로 그는 을목(乙木)의 사주를 갖고 있었지만 수의 오행이 지닌 특성을 고스란히 보여주었다. 이야기하기를 좋아하고 변화무쌍하며 우수한 적응력을 갖고 있었다. 덕분에 자기 분야에서 사회적으로 성공했던 것인지도 모른다. 한편으로 그의 사주는 온 세상이 차가운 물바다라고 할 수 있으니 나로서는 당연히 맞지 않는 느낌이 들 수밖에 없었던 것이다.

그리고 다시 얼마 지나지 않아 회사의 직원을 채용할 일이 있었다. 그런데 이번에도 그를 보자마자 몸이 아파오기 시작했다. 그의 이력서는 대단히 화려했다. 그런데 뭔가 이상한 기분이 드는 건 어쩔 수 없었다. 무엇보다 고집이 세고 독단적인 타입이라는 인상이 너무 강했다. 그에게도 생년월일시를 물어볼 수밖에 없었다. 그의 사주는 사방이 완전히 꽉 막힌 바위산과 같았다. 좀 더 면담을 진행해보니 그는 분명 똑똑한 사람이었지만 내가 받은 인상대로 아집이 몹시 강했다. 같이 일하면 도저히 대화나 소통이 안 될 것 같았다. 그러자 그는 다른 데서도 여러 번 거절을 당했는데 자신은 그 이유를 알 수 없어서 고민이라고 털어놓았다.

그의 사정이 안타까웠던 나는 그에게 내가 본 사주와 오행에 관해 이야기를 해줄 수밖에 없었다. 그가 왜 어딘가 모르게 소통이 쉽지 않을 것 같은 인상을 주는지에 대해서도 설명해주었다. 또한 이제 자신의 특성에 대해 알았으니 지금부터 자신을 돌아보며 좀 더 부드럽고 유연한 변화를 꾀한다면 분명 좋은 결과가 있을 것이라고 말해주었다. 한편 그 이야기가 어떻게 와전되었는지 그 이후부터 내가 직원을 채용할 때 사주팔자를 본다는 소문이 돌아 곤란했던 적이 있다. 그 후로는 "선무당이 사람 잡지" 하면서 나를 다스려가기 위해 노력했다. 그 덕분에 비슷한 일은 줄어들었지만 종종 강렬한 기를 풍기는 사람들을 만나면 대개 사주의 구조가 보이는 경험을 한다. 아무튼 그런 몇 번의 경험은 내게 꽤나 강렬한 인상을 남겼다.

그러한 해석의 근원이 되는 원리는 다름 아니라 자연현상에서 나온 것이다. 예를 들어 더운 여름날의 나무에는 물이 가장 필요하다. 같은 원리로 더운 여름날에 태어난 나무의 오행을 가진 사람에게 가장 필요한 기는 수의 기운이다. 그러므로 화의 오행은 그다지 필요하지 않다. 이미 계절에서 충분히 그 기를 받고 있기 때문이다. 반면 한겨울에 태어난 나무의 오행을 가진 사람에게는 당연히 화의 오행이 필요하다. 이처럼 내가 성장하는 데 꼭 필요한 오행이 자기 사주팔자 안에 함께 있는 사람들은 대체로 무난한 삶을 산다. 혹은 운에서 보완을 해주면 또 무난한 삶을 살 수 있다. 반면 그렇지 못한 경우에는 나를 도와줄 사람을 만나지 못하는 격이므로 상대적으로 지난한 삶을 사는 경우가 많다.

혼인 전에 남녀가 궁합을 보는 이치도 이와 마찬가지다. 내 배우자감이 나에게 필요한 오행을 가졌다면 그와 모든 것이 잘 맞을 가능성이 높다. 당연히 그런 사람을 만나는 것은 인생의 큰 행운이라고 할 수 있다. 또한 서로 일지[日支, 일간(日干) 옆의 글자로 배우자의 자리를 상징한다]가 되는 오행이 합이 되는 경우에도 궁합이 좋다고 한다. 예를 들어 남자의 일주(일주에는 일지와 일간이 포함된다)가 신묘(辛卯)인데 여자의 일주가 을해(乙亥)이면 해묘합(亥卯合)으로 서로 좋아하는 관계가 된다. 반대로 나에게 도움이 되지 않거나 오히려 나를 해치는 오행을 가진 사람과 엮이면 끝내 악연이 되고 만다. 그런데 궁합이 정말 잘 맞는 남녀관계는 찾기가 어렵다. 현실적으로도 사이 좋게 살아가는 부부보다 아웅다웅 싸우는 부부가 더 많은 이유이기도 하다. 그러니 궁합에 지나치게 신경을 쓰기보다는 어느 정도 선에서 만족해야 하는 것이 특히 남녀관계가 아닐까 한다.

한편 자신의 사주팔자 안에 서로 극하는 오행이 많은 경우에도 중간에서 소통하게 해주는 오행이 있으면 그 문제가 해결된다. 이것을 통관(通關)이라고 한다. 예를 들어 금과 목의 오행으로만 구성된 사주가 있다고 하자. 그러면 서로 대비되는 두 오행 사이에 갈등이 많다. 자존심을 세울 것인지, 아니면 재물을 탐할 것인지 두 마음 사이에서 왔다 갔다 하기 쉬운 것이다. 금은 목을 치려고 하고 목은 금에게 당하지 않으려고 애쓰기 때문이다. 그런데 중간에 수의 오행이 있으면 금생수(金生水)가 수생목(水生木)으로 이어져 기의 흐름이 원활해지므로 서로 합리적인 사고를 갖고 노력해 좋은 결과를 얻으려 한다. 그리고 그렇게 통관하는 오행을 가진 사람들과는 관계도 원만하다.

바로 이러한 것들이 명리학이 중용과 조화를 추구하는 학문임을 설명해준다. 강한 사주를 가진 사람의 경우 그와 같은 균형과 조화를 위해서는 자기 분야에서 최선을 다해 일에 매진함으로써 그 기를 중화할 필요가 있다. 반면 사주가 약한 사람들은 자비와 학문으로 자기 경영에 힘써야 한다. 특히 추운 사주를 가진 사람은 마음에 따뜻함을 더하기 위해 노력함으로써 자기 안의 차가움을 녹여내야 한다. 더운 사주를 가진 사람은 그 더움을 가라앉힐 필요가 있다. 즉, 명리학은 한난조습(寒暖燥濕)의 중요성을 강조하는 이론이다. 현실적으로도 따뜻함과 습기가 잘 채워져야 신체적 건강이 유지되듯이, 명리학적으로도 그러한 자연의 기가 조화롭게 유지되어야 좋은 사주인 것이다.

하지만 우리는 그것이 얼마나 어려운 일인지 잘 안다. 시소를 타보면 안다. 시소는 끊임없이 올라가거나 내려간다. 두 사람이 마주하고 볼 짬이 없다. 인간사의 갈등도 그러한 것 같다. 서로 사랑하고 원하면서도 마주하고 앉을 시간이 없다. 부모자식 관계도 그러하다. 나도 친정어머니가 돌아가신 다음에야 비로소 서로 마주하고 앉았던 시간이 얼마나 짧았는지를 알고 마음이 몹시 아팠던 경험이 있다. 부부관계도 마찬가지다. 언젠가 내게 부부 상담을 받은 남편이 "하루에 단 5분이라도 시간을 내 아내와 얼굴을 마주하고 이야기를 나누는 것만으로도 사이가 좋아져서 놀랐다"

라는 의미의 말을 한 적이 있다.

인간관계만 그러한 것이 아니다. 우리의 삶도 그러하다. 누군가 인생에 대해 "마냥 구름이 끼다가 잠시 한 줄기 햇살이 내리비치는 것"이라고 했는데, 정말 맞는 말이다. 그리고 그것 또한 내가 선택할 수 있는 것이 아니다. 그러니 자신의 삶이 행복하다고 자만할 필요도, 불행하다고 스스로를 탓할 필요도 없다. 내게 주어진 인생을 있는 그대로 껴안고 최선을 다해 살아내는 수밖에는 다른 도리가 없지 않겠는가. 어떤 의미에서는 그러는 것 또한 내가 내 인생과 궁합을 맞추어가는 일인지도 모르겠다. 다시 말하면 내 안에 부족한 기를 나 스스로 노력해 심상으로 만들어가면 되지 않을까 싶다.

어느 명리학자가 한 사람의 운명을 좌우하는 것에는 타고난 사주팔자가 삼 분의 일, 매년 운의 흐름이 삼 분의 일, 심상이 삼 분의 일이라고 했는데 일리가 있는 말이다.

오행이란
과연 무엇일까?

이 책의 처음에도 언급했듯이 오행은 기본적으로 융이 말하는 태고유형에 해당한다고 생각한다. 융은 "개인이 태어난 세계의 형태는 이미 잠재적 이미지로서 선천적으로 그에게 갖추어져 있다"라는 말로 우리의 집단 무의식을 설명했다. 그러면서 우리는 이미 태어나기 전부터 뇌 속에 자연의 이미지를 갖고 있다고 주장했다. 그가 말하는 태고유형의 이미지는 그 모습이 각기 달라도 모든 인간의 역사 속에서 신화나 전설이나 미신으로 존재하는데, 이를 보면 그의 이론이 맞는다는 것을 느낀다. 그리고 나는 이것이 동양사상에 보다 더 은유적으로 나타난 것이 바로 오행이라고 본다.

더불어 한국인을 위시한 동양 사람들이 명리학 이론을 쉽게 받아들이고, 심지어 서양인들조차 흥미를 갖는 이유는 그것이 모든 인류의 태고유형에 기초하고 있기 때문이라고 생각한다.

오행과 사주팔자의 관계는 명리학에서 가장 중요한 부분이다. 사주팔자는 무엇이고 오행은 무엇인지, 이 둘의 관계는 어떠한지에 대한 이해가 없으면 명리학을 이해하기가 쉽지 않다. 일단 오행은(보다 더 정확히 말하면 음양오행설은) 동양사상의 기본이라고 할 수 있다. 사실 우리나라의 전통문화는 이 오행론에 근거하고 있다고 해도 과언이 아니다. 색도 오방색(五方色)이라고 해서 다섯 가지이고, 음(音)도 궁상각치우(宮商角徵羽)의 다섯 음, 인간이 지켜야 할 도리도 인의예지신(仁義禮智信)의 오상(五常)이라고 한다. 그리고 그 오행보다 먼저 기를 나눠놓은 것이 음과 양이다. 오행은 음에서 양으로, 그리고 다시 양에서 음으로 돌아오는 과정을 보다 더 세분화한 것이다.

또한 오행은 사계절의 변화를 이미지로 나타낸 것이기도 하다. 음과 양이 생겨난 다음에 자연에서 가장 먼저 생겨난 기운은 수다. 만물은 물이 없으면 생존할 수 없기 때문이다. 수의 오행은 모으고 수축하는 기운을 상징한다. 성경의 창세기에서도 하느님이 빛과 어둠을 만든 다음에 물을 나누어 하늘을 만들고, 물을 모아 땅을 만드는 구절이 나온다. 그다음에 나타나는 기운은 화의 오행이다. 화는 팽창하는 기운이다. 그다음에는 목의 기운이 나타나는데 이는 수와 화의 수축하고 팽창하는 기운이 만나서 생겨나는 생명력의 기운이다. 그 목이 단단하게 굳어져서 생겨나는 기운이 바로 금이며, 금의 기운이 사방으로 흩어져서 생겨난 기운이 토다. 그리고 토의 기운이 뭉쳐지면 다시 수의 기운이 생겨나 우주가 존재하는 한 이 다섯 가지가 영원히 돌고 돈다.

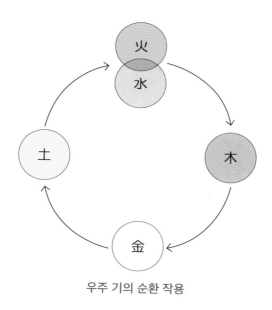

우주 기의 순환 작용

사주팔자는 이러한 음양오행을 보다 더 자세히 나누어 내가 태어난 바로 그 장소, 그 시각의 우주의 에너지를 표현한 것이다. 먼저 수, 화, 목, 금, 토의 오행을 각각 음과 양으로 나누면 형성되는 기운은 10개다. 이를 다른 말로 '하늘의 기운'이라 하여 천간(天

干)이라 일컫고 각각 갑(甲), 을(乙), 병(丙), 정(丁), 무(戊), 기(己), 경(庚), 신(辛), 임(壬), 계(癸)라고 한다.

십간 (十干)	갑(甲)	을(乙)	병(丙)	정(丁)	무(戊)	기(己)	경(庚)	신(辛)	임(壬)	계(癸)
오행	목 (木)		화 (火)		토 (土)		금 (金)		수 (水)	
음양	양	음	양	음	양	음	양	음	양	음

천간

이를 좀 더 자세히 살펴보면 목의 오행에는 '양의 목'인 갑목(甲木, 명리학에서는 보통 간지의 명칭과 그 오행을 붙여서 말한다)과 '음의 목'인 을목(乙木)이 있다. 화에는 '양의 화'인 병화(丙火)와 '음의 화'인 정화(丁火)가 있고, 토는 '양의 토'인 무토(戊土)와 '음의 토'인 기토(己土)로 나뉜다. 금은 '양의 금'인 경금(庚金)과 '음의 금'인 신금(辛金), 수는 '양의 수'인 임수(壬水)와 '음의 수'인 계수(癸水)로 구성된다.

땅의 기운, 즉 지지(地支)는 자(子), 축(丑), 인(寅), 묘(卯), 진(辰), 사(巳), 오(午), 미(未), 신(申), 유(酉), 술(戌), 해(亥)의 12자로 되어 있다. 이때 천간은 '양의 목'인 갑에서 시작했지만 지지는 수의 오행을 지닌 자(子)에서 시작하는 데, 여기에는 이유가 있다. 명리학에서 새해의 시작은 입춘(立春)이다. 양력으로는 2월 4일이다. 음력으로 생일을 계산할 때는 이 입춘날이 새해 아침이 된다. 양력으로 새해 1월에 출생한 사람도 그것이 입춘 전이라면 생년월일시가 그 전해로 결정되는 이유다. 아마도 새로운 기분은 '만물이 소생하는' 봄날이 와야 느껴질 수 있기 때문이 아닐까. 양력으로 1월은 너무 춥다 보니 실제로도 새롭다는 기분이 덜하다. 대개 양력 1월에 "대한이 소한네 집에 놀러 갔다가 얼어 죽었다"라는 말을 하는 것처럼, 양력 1월에는 아직 매서운 추위를 견뎌야 한다. 그리하여 음력 새해는 봄을 알리는 입춘부터 시작하는 것이고, 천간의 글자는 목의 오행부터인 '갑, 을, 병, 정…'으로 나아가는 반면 땅의 글자인 지지는 모든 생명의 시작인 수로부터 출발해 '자, 축, 인, 묘…'로 나아가는 것이다.

십이지 (十二支)	자 (子)	축 (丑)	인 (寅)	묘 (卯)	진 (辰)	사 (巳)	오 (午)	미 (未)	신 (申)	유 (酉)	술 (戌)	해 (亥)
오행	수 (水)	토 (土)	목 (木)	목 (木)	토 (土)	화 (火)	화 (火)	토 (土)	금 (金)	금 (金)	토 (土)	수 (水)
음양	양	음	양	음	양	음	양	음	양	음	양	음

지지

甲子	乙丑	丙寅	丁卯	戊辰	己巳	庚午	辛未	壬申	癸酉
갑자	을축	병인	정묘	무진	기사	경오	신미	임신	계유
甲戌	乙亥	丙子	丁丑	戊寅	己卯	庚辰	辛巳	壬午	癸未
갑술	을해	병자	정축	무인	기묘	경진	신사	임오	계미
甲申	乙酉	丙戌	丁亥	戊子	己丑	庚寅	辛卯	壬辰	癸巳
갑신	을유	병술	정해	무자	기축	경인	신묘	임진	계사
甲午	乙未	丙申	丁酉	戊戌	己亥	庚子	辛丑	壬寅	癸卯
갑오	을미	병신	정유	무술	기해	경자	신축	임인	계묘
甲辰	乙巳	丙午	丁未	戊申	己酉	庚戌	辛亥	壬子	癸丑
갑진	을사	병오	정미	무신	기유	경술	신해	임자	계축
甲寅	乙卯	丙辰	丁巳	戊午	己未	庚申	辛酉	壬戌	癸亥
갑인	을묘	병진	정사	무오	기미	경신	신유	임술	계해

육십갑자표

또한 땅은 한 오행의 기에서 다른 오행으로 넘어갈 때 환절기라는 숨 고르기의 시간이 필요하다. 하늘은 둥근 모양으로 오행의 음양이 10자 안에서 다 표현되지만, 지지는 환절기의 오행이 포함돼 12자가 되는 이유다. 즉, 천간에서 토는 '양의 토', '음의 토' 둘뿐인 반면, 지지에서 토의 오행은 보다 더 세분화되어 봄에서 여름으로 넘어가는 환절기인 봄의 땅 '진토(辰土)', 여름에서 가을로 넘어가는 환절기인 여름 땅 '미토(未土)', 가을에서 겨울로 넘어가는 환절기인 가을 땅 '술토(戌土)', 그리고 겨울에서 봄으로 넘어가는 환절기인 겨울 땅 '축토(丑土)'로 나누어진다. 1장에서 기술했듯이 천간과 지지를 차례로 하나씩 맞추어나가면 서로 다른 60가지 버전이 생겨난다. 그것이 육십갑자다. 이때 조합이 '10×12=120'이 아니고 60인 이유는 양의 천간이 음의 지지와 만나는 법이 없기 때문이다(이것은 명리학의 중요한 이론이다). 사주팔자는 이 육십갑자 중에서 나의 생년월일시를 표현하는 것이다.

앞서도 살펴본 프로이트의 사주로 예를 들어보자. 그의 생년월일시는 1856년 5월 6일 오후 6시 30분이다.

	시주	일주	월주	년주
일간과의 관계	편재		편재	정인
간	계수(癸水)	기토(己土)	계수(癸水)	병화(丙火)
지	유금(酉金)	축토(丑土)	사화(巳火)	진토(辰土)
일간과의 관계	식신	비견	편인	겁재

프로이트의 사주에서 '병진(丙辰)'은 년주를, '계사(癸巳)'는 월

주를, '기축(己丑)'은 일주를, '계유(癸酉)'는 시주를 읽는 표현법이다. 여기서 각 기둥의 앞 글자, 즉 병(丙), 계(癸), 기(己), 계(癸)는 천간을, 뒷 글자 진(辰), 사(巳), 축(丑), 유(酉)는 지지에 해당한다. 그리고 이 중에서 자신이 태어난 날의 첫 번째 글자인 일간이 앞서도 여러 번 다룬 적이 있는 '자신을 상징하는 오행'이다. 그래서 명리학적 해석은 가장 먼저 생년월일시를 사주팔자로 전환한 다음, 자신을 상징하는 오행, 즉 일간을 찾고 나머지 일곱 글자는 이 일간과 어떤 관계를 갖는가에 따라 분석된다. 흔히 "나는 오행 중에서 '토'에 해당한다"라고 말할 때 그 기준이 되는 글자가 일간인 것이다. 즉, 프로이트에게 일간은 자신이 태어난 날의 첫 번째 글자인 기토(己土)가 되고, 이를 자연현상에 비유하면 '초여름 날의 논밭, 옥토'라고 할 수 있다(프로이트의 자세한 사주풀이는 에피소드 ④를 참고하자).

그렇다면 옛사람들은 어떻게 해서 음양오행의 개념을 만들어냈을까? 아마도 자연의 변화를 보고 만들었으리라는 게 많은 학자의 의견이다. 낮과 밤과 사계절의 변화를 관찰하면서 음과 양의 오행을 추론했으며, 그러한 추론을 바탕으로 오행을 통해 인간의 특성을 분석하는 이론인 사주팔자를 고안해냈으리란 것이다. 역사적으로는 중국 전국시대 추연(鄒衍)이라는 사람이 음양의 이론과 오행의 이론을 합하였으며, 이는 한(漢)나라 때 더욱 발전했다고 전해진다. 가장 오래된 기록은 『서경』에서 찾아볼 수 있다.

우리나라의 경우 『조선왕조실록』에 보면 태종의 사주를 비롯해 세종, 정조, 중종에서 명종, 순조에 이르기까지 여러 차례 사주팔자에 관한 언급이 나온다. 특히 세종이 이 학문을 적재적소에 활용했다는 이야기가 전해지며, 정조 때는 여섯 번이나 기록에 정식으로 등장한다(세자빈에 간택되기 위해 자기 딸의 사주팔자를 고친 사람의 이야기도 기록되어 있다). 앞서도 우리네 집단 무의식과 우리가 오랜 세월 팔자소관이라는 말에 가져온 애착에 관해 언급했는데, 이 기록들을 보면 더욱 이해가 가는 일이다. 궁에서부터 사주팔자를 중시했다면 백성들 또한 그것을 더욱 큰 의미로 받아들였을 테니 말이다.

앞서 융의 태고유형에 관해서도 말했듯이 오행은 철저하게 자연의 결과물이다. 봄이 되어 만물이 소생하는 것이 목, 여름이 되어 뜨거운 것이 화, 가을이 되어 무르익고 수확하는 것이 금, 겨울이 되어 침잠하는 것이 수, 그리고 모든 것을 다 포용하는 것이 토인 것을 보면 말이다. 또한 명리학의 기본이 이 오행이라는 것은 나를 이루는 기가 고착된 것이 아니라 흘러 변화한다는 것을 뜻한다. 한자어로 '행(行)'은 왼발이 걷는 모양과 오른발이 걷는 모양으로 이루어져 좌우의 발을 차례로 옮겨 걸어간다는 뜻이다.

탄생이란 그처럼 변화하는 우주의 기가 딱 그 시점에 나의 첫 호흡을 통해 내 안으로 들어오는 순간을 말한다. 즉, 수태되는 시간을 정확히 알 수 없으니 태어나 첫 호흡하는 순간을 한 사람의 인생의 시작으로 보는 것이다(명리학에서 수태되는 때를 아는 법도 있기는 하다). 하늘과 땅 사이에 서 있는 인간, 즉 천지인(天地人)으로서 내가 첫 호흡에 들이마시는 우주의 기로 나를 안다는 것만큼 신비로운 학문이 어디 있을까 싶다. 그렇다면 어떻게 해서 내가 태어나는 순간의 자연의 기가 바로 나의 특성을 좌우하는 오행이 되는 것일까? 나는 고대 동양인들이 가지고 있던 인간의 기와 자연의 기가 교류하여 일체가 된다는 천인합일설(天人合一說)에서 비롯된 사상이라는 이론에 동의한다.

이 사상이 기독교 사상과 배치된다고 주장하는 사람들도 있지만 내 생각에는 꼭 그렇지는 않다. 아담이 인간이 된 것은 그가 하느님의 숨을 들이마신 순간이 있었기 때문이다. 즉, 하느님이 그에게 호흡을 불어넣어 그는 인간이 된 것이다. 이 호흡이란 문제는 대단히 중요하다. 우리가 산다는 것은 호흡을 한다는 것이고 죽는다는 것은 호흡을 마친다는 것이기 때문이다. 그것을 기로 이야기하면 더 이상 우주의 기와 내가 호흡을 나눌 수 없을 때 우리는 생명이 다해 흙으로 돌아가는 존재가 된다는 사실이다. 명리학에서 인간의 첫 호흡의 순간을 가장 중요하게 생각하는 것은 어쩌면 당연한 일이라고 하겠다. 오행은 그 우주의 기를 자연의 이미지로 나타낸 것이다. 따라서 오행을 살펴보는 일만으로도 마치 그림을 보듯이 한 개인의 특성에 대해 잘 이해할 수 있다. 각 오행에 관한 좀 더 자세한 설명은 다음과 같다.

수(水)의 오행

수는 앞서도 설명했듯이 수축의 기운을 상징한다. 물이 생명의 근원이고 우리 몸의 70퍼센트 이상이 물이라는 사실은 누구나 안다. 그러므로 물은 지구상에서 가장 먼저 생겨난 기운이라고 할 수 있다. 물방울을 보면 물은 하나로 뭉치는 성질이 있다. 한편 물은 차갑다. 흔히 얼음장같이 냉정하다고 표현하지 않나. 바닷물을 보면 알 수 있듯이 물은 멀리서 보면 어둡지만 가까이서 보면 투명하다. 따라서 물의 기운이 상징하는 것은 지혜이고, 자기 성찰이며, 색깔로는 검정색을 나타내고, 계절로는 겨울을, 지구의 방위로는 북쪽을 상징한다.

또한 자연에서 상징하는 바를 살펴보면 '양의 수'는 대양(大洋), '음의 수'는 샘물이나 물의 정기(精氣)를 나타낸다. 물은 만물을 적셔주고 흐르면서 굽이치며 변화하는 속성을 지니고 있다. 그 모습에서 수의 오행을 가진 사람들은 새로운 것을 받아들이는 유연함이 우수하다고 분석된다. 유학의 오덕(五德) 중에서는 지(智)를 나타낸다. 우리나라 건축물 중 홍지문(弘智門)이 수의 기운을 상징한다.

화(火)의 오행

그다음이 화의 오행이다. 이것은 불을 상징한다. 물이 위에서 아래로 내려오는 기운이라면, 불은 아래에서 위로 올라가는 기운이다. 우리 몸은 체온이 유지되어야만 살 수 있다. 당연히 물과 더불어 불의 기운이 필요하다. 즉, 차가움이 있으면 따뜻함도 있어야 한다. '불같이 뜨거운 사랑'이라는 말도 있지 않은가. 수가 수축, 뭉침을 상징하는 기운이라면 화는 팽창, 확대를 상징하는 오행이다.

불은 주위를 밝힌다. 따라서 화의 기운을 가진 사람들은 바깥을 관찰하는 힘이 빠르다. 앞서 수의 기운이 자기 성찰을 상징했다면 화의 기운은 남의 문제는 잘 알지만 자기 성찰 능력은 부족한 면을 나타내기도 한다. 성격적으로는 능동적이고 진취적이며 급하지만 밝고 명랑함을 나타낸다. 자연현상으로 '양의 화'는 태양을, '음의 화'는 호롱불이나 화롯불처럼 인간의 삶에 직접적으로 영향을 주는 불을 상징한다. 유학의 오덕 중에서는 예(禮)의 상징이며, 색깔은 붉은색을, 계절은 여름을, 방위는 남쪽을 가리킨다. 위로 치솟아 타오르는 모습은 만물을 정화시키는 기운을 의미하기도 한다. 우리나라 건축물 중에서는 숭례문(崇禮門)이 화의 상징이다.

목(木)의 오행

그다음에 형성되는 것이 목의 기운이다. 즉, 물과 불이 상징하는, 뭉치고 팽창하는 기운이 합쳐져서 생겨나는 기운이다. 단단하고 꾸준하고 곧게 자라는 성질을 나타낸다. 수의 기와 화의 기가 단지 기에 머물러 있다면, 이 목의 기운부터는 형상, 즉 물체로 봐야 한다고 주장하는 학자도 있다.

'양의 목'은 아름드리나무, '음의 목'은 잔디와 작은 나무를 상징한다. 나무가 상징하는 성장, 약진의 기운을 갖고 있고 인간의 속성으로는 자상함, 의욕, 의지를 상징한다. 생명력, 남을 함부로 해치지 않는 부드러움 속의 강함과 고집, 꾸준하고 격렬하지 않으면서도 적당한 결단력 등을 나타낸다. 유학의 오덕 중에서는 인(仁)의 상징이다. 색깔은 청색, 계절은 봄, 방위는 동쪽을 가리킨다. 전 지구적으로는 동양을 상징하며 건축물로는 흥인지문(興仁之門)이 목의 상징이다.

금(金)의 오행

목 다음은 금의 오행이다. 나무의 딱딱함이 굳어져서 생겨나는 기운이라고 할 수 있다. 내성이 단단하므로 이 금의 오행을 가진 사람들은 대개 남의 말을 잘 안 듣고 결단력이 강하다. 금이 가진 자연의 속성이 사물의 형태를 바꾸고 변형시키는 것이라서 그렇기도 하다.

목의 오행이 부드러운 강함이라면 금의 오행은 그 강함이 직선적이다. 따라서 무슨 일이든 일단 저지르고 보는 스타일이다. 색깔은 금속의 흰색을, 계절은 가을을, 방위는 서쪽을 상징한다. 전지구적으로 보면 서양을 상징한다. '양의 금'은 광물이나 큰 바위를 가리키며, '음의 금'은 보석 등 정제된 광물을 의미한다. 유학의 오덕 중에서는 의(義)를, 인간의 속성으로는 의리와 결단력, 비판력, 민감함 등을 뜻한다. 특히 '음의 금'이 그러하며 '양의 금'은 보다 강한 고집을 상징한다. 우리나라 건축물로는 돈의문(敦義門)이 금의 오행을 나타낸다.

토(土)의 오행

토는 금의 기운이 사방으로 흩어져서 생겨난 기운이다. 토의 기운이 다시 뭉치면 수, 그다음에 다시 화의 기운이 생겨난다. 수축하면 곧 팽창하는 것이 자연의 이치이기 때문이다. 따라서 수, 화, 목, 금, 토는 따로따로 분리되는 것이 아니라 돌고 도는 것이며 일체라는 것을 나타내기도 한다.

우리가 땅을 생각하면 알 수 있듯이, 토의 속성은 모든 만물을 번성케 하는 근원이다. 땅은 심지어 버려지는 쓰레기마저 품어서 거름이나 에너지로 활용하지 않는가. '양의 토'는 대륙을, '음의 토'는 논밭과 같은 옥토를 상징하며, 유학의 오덕 중에서는 신(信)을 의미한다. 색깔은 황토색을, 계절은 환절기를, 방위는 정중앙을 가리킨다. 토의 기를 가진 사람들은 움직임이 무겁다. 자신의 생각을 잘 드러내지 않는 편이라 일명 '후중지신(厚重之神)'이라고도 한다. 우리나라의 건축물로는 보신각(普信閣)이 토의 상징이다.

"한마디로 내 출생의 비밀에는

온 우주의 기가 얽혀 있는 셈이다. "

오행이 만들어내는
생(生)과 극(克)의 드라마

오행이 그냥 그 자체로만 존재한다면, 즉 서로 아무런 관계를 맺지 않고 존재한다면(물론 그것은 자연법칙상 이루어질 수 없는 것이기는 하지만) 이 학문이 그다지 매력적이지는 않았을 것이다. 명리학의 매력은 바로 그 오행이 서로를 도와주거나 반대로 상대의 것을 빼앗기도 하고 나아가 서로 경쟁하고 시기하고 통제하는 등의 관계를 맺는 것에 있기 때문이다. 먹이사슬에서도 서로의 천적과 동지가 있는 것처럼 오행도 그러하다. 그것을 오행의 '생(生)'과 '극(克)'이라고 표현한다. 즉, 나의 사주팔자를 통해 나를 생해주는 기운과 극하는 기운의 관계를 살펴, 내가 인생에서 추구하는 바가 무엇이며 그 과정에서 경험할 수 있는 것은 무엇인지를 추론하는 학문인 것이다.

예를 들어 불을 끄는 것은 물이다. 그래서 오행 사이에 '수극화(水克火)' 현상이 일어난다. 또한 물은 생명을 살린다. 물이 있는 곳에는 늘 생명이 자라난다. 특히 나무와 꽃 같은 것들이 그러하다. 그래서 '수생목(水生木)'이다. 나무에 불을 지피면 그 불이 일어난다. 그래서 '목생화(木生火)'이다. 불은 물에 의해 꺼지지만 꺼진 불은 땅을 기름지게 한다. 땅을 기름지게 하기 위해 일부러 불을 내기도 한다. 그것이 '화생토(火生土)'이다. 그런데 땅속에서는 광물도 나고 식물의 뿌리도 나온다. '토생금(土生金)'이다. 한편, 물은 바위틈에서 생겨난다. 그것이 '금생수(金生水)'이다.

반대로 이 물줄기를 막는 것은 흙이다. '토극수(土克水)'이다. 그리고 나무는 땅에 뿌리를 내려 땅을 이긴다. '목극토(木克土)'이다. 그런데 나무는 쇠에 의해 잘려 나간다. '금극목(金克木)'이다. 쇠를 제련하는 것은 불이므로 '화극금(火克金)'이다. 좀 더 일목요연하게 표현하면 다음 장의 그림과 같고, 이들은 결국 윤회한다.

이처럼 서로 돌고 도는 것이 바로 자연의 흐름이자 오행이 나타내는 변화의 상징이다. 그러한 자연의 변화로 나의 사주팔자를 이해한다는 것은 분명 특별하고 매력적이다. 또한 오행끼리는 서로 합하기도 하고[합(合)], 충돌하기도 하는[충(沖)] 관계를 만들어낸다. 일간과 나머지 일곱 글자의 그러한 관계로써 한 사람의 특성

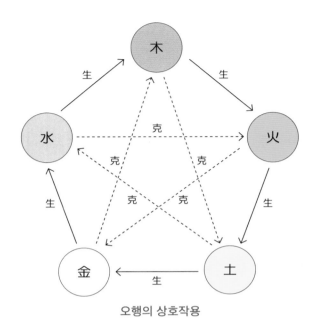

오행의 상호작용

과 진로, 삶의 흐름을 아는 것을 명리학에서는 육친론(六親論)이
라고 한다.

물론 여기서 기준은 어디까지나 일간이다. 일간은 나의 생년월
일시에서 일주(日柱)의 첫 번째 글자에 해당하는 것이라고 앞서
도 설명했다. 명리학의 핵심 이론인 이 육친론은 궁극적으로 일간
과 나머지 다른 3개의 간(干), 4개의 지(支)가 서로 어떤 작용을 하
는지 그 영향력을 살피는 것이다. 그것이 곧 앞서 말한 생과 극이
며, 나의 사주팔자 안에서 나와 내 주위 사람들과의 관계까지 추
론할 수 있다는 점이 명리학의 또 다른 매력인 셈이다(여러 과정을

거치면 나의 후대의 관계까지도 추론할 수 있다. 가끔 '몇 대의 후손에게 무슨 일이 생길 것'이라고 예언했다는 전설적인 이야기가 내려오는 것도 꼭 뜬금없는 이야기는 아니다). 좀 더 세부적인 내용은 다음과 같다.

비겁(比劫): 비견(比肩)과 겁재(劫財)

사주팔자 중에서 일간과 같은 오행을 비겁이라고 한다. 내 논문에서는 'Parallel' 또는 'Sibling God'이라고 번역했다. 'God'을 쓴 것은 명리학에서 이를 두고 일명 '육신(六神)'이라 하기 때문이다(육친론과 육신론은 같은 이론이다). 그중에서 일간과 오행 및 음양이 모두 같은 것을 비견(어깨를 나란히 한다는 뜻)이라고 하고, 오행은 같으나 음양이 다르면 겁재(나의 재물을 탈취해간다는 뜻)라고 한다. 예를 들어 일간이 임수(壬水)일 때 같은 수의 오행인 계수(癸水)가 바로 비겁에 해당하는데, 나는 '양의 수'이고 계수는 '음의 수'이니 겁재가 되는 것이다. 예를 들어보자.

앞에서는 '화의 오행이 몇 개, 수의 오행이 몇 개…' 이런 식으로 누군가의 사주를 살펴보았다면, 육친론으로는 여기에 삼차원적인 해석을 더해 이 사람이 인간관계와 삶에서 무엇을 목표를 하는지, 또 어떻게 사는 것이 도움이 되는지를 살펴본다.

다음 장의 사주에는 정인(正印)과 정관(正官), 편관(偏官)과 편

	시주	일주	월주	년주
일간과의 관계	겁재		편재	정인
간	기토 (己土)	무토 (戊土)	임수 (壬水)	정화 (丁火)
지	미토 (未土)	술토 (戌土)	인목 (寅木)	묘목 (卯木)
일간과의 관계	겁재	비견	편관	정관

* 요즘은 만세력 애플리케이션이 많아 자기 생일만 집어넣으면 자동적으로 사주팔자를 알 수 있다. 그 만세력을 통해 자신의 사주팔자를 아는 과정은 이 책에서 생략했지만, 명리학적 분석에서 가장 중요한 과정이라는 것만큼은 강조한다.

재(偏財)가 각각 1개씩이며 비견과 겁재를 합한 비겁은 총 3개가 있다. 자녀를 상징하는 식상(食傷)은 드러나지 않고 있다.

비겁은 인간관계에서 형제와 동료, 친구를 상징하고 심리적으로는 경쟁심을 의미한다. 이때 비견은 나의 동료를 뜻하며, 겁재는 나와 경쟁자로서의 관계가 더 강하다. 명리학에서 흔히 겁재운에는 재물의 손실이 있다고 하는 것은 그것을 풀이한 결과다. 성경에서 보면 카인과 아벨의 관계라고나 할까. 그들은 명리학으로 봐서 비견에 해당하지만 서로 죽고 죽이는 관계가 되었으니 겁재의 관계라고 할 수 있다.

사실 정신의학에서도 형제들 간의 경쟁심은 타고난 것이라고 본다. 태어나면서부터 부모의 사랑을 두고 서로 경쟁하는 관계이기 때문이다. 이 과정에서 부모가 경쟁심을 건강하게 키워주면 서로 경쟁은 하되 함께 잘 성장하는 비견이 되지만, 그렇지 않은 경우에는 서로의 것을 빼앗는 겁재의 특성을 갖게 된다. 부모들이 저지르는 실수 중의 하나가 '형만도 못한 놈', '동생보다 못한 놈'이라는 표현을 쓰는 것인데, 해서는 안 될 말이라는 것을 오행만 봐도 알 수 있다.

언젠가 사업에 크게 성공한 여성이 남자 형제와의 문제로 상담을 원한 적이 있었다. 그녀는 지금의 성공을 이루기까지 오로지 혼자서 분투해왔다고 했다. 말하자면 자수성가를 한 셈이다. 그런데 문제는 그녀의 부모가 아들만 귀하게 여긴다는 것이었다. 오빠를 그녀의 회사에서 일하게 하라는 부모의 압박이 대단했다. 견디다 못한 그녀는 오빠에게 일을 맡겼는데 오빠는 얼마 못 가서 비리에 횡령을 일삼기 시작했다. 결국 오빠를 그만두게 할 수밖에 없었다. 그러자 부모의 원망이 말로 다할 수 없다며 그녀는 울음을 그치지 못했다. 말 그대로 형제가 겁재인 상황에 놓인 것이다.

내가 힘이 약할 때는 형제가 도움이 된다. 그러나 내 일간이 강하면 부모나 형제의 도움이 필요하지 않다. 당연히 부모나 형제들과 사이가 좋기도 쉽지 않다. 다들 내 것을 가져가는 존재로 여길 수 있기 때문이다. 언젠가 수천억의 자산을 가진 사람이 "돈이 많으면 형제끼리 우정 그런 거 소용없다. 다들 경쟁관계에 놓이니까"라는 의미의 말을 한 적이 있다. 정신의학적으로 분석해도 이

비겁의 오행이 많은 사람은 인간관계에서 경쟁심이나 시기심이 높다고 볼 수 있다. 인간관계로는 혼자서 일하는 것보다 무리 지어 어울리는 것을 선호하는 경우가 많다.

관성(官星): 정관(正官)과 편관(偏官)

사주에 비겁이 많은 사람은 흔히 어울려 일하는 모습을 자주 보이고, 관(官)의 오행이 없는 사람은 누군가에게 간섭이나 조언받는 것을 싫어한다. 관은 자신을 조절하는 역할이나 능력, 특성을 상징하는데 이러한 특성을 관성이라고 한다. 관성은 일간과의 음양 관계에 따라 정관과 편관으로 구분된다. 내 논문에서는 영어로 'Overcoming, Officer'라 번역했다.

이를 정신의학적으로 분석하면 '초자아(Superego)'에 해당한다. 초자아는 스스로 자기 자신을 통찰하고 평가하며 비판하는 특성을 가지고 있다. 따라서 관의 오행이 많은 사람들은 다른 사람에게 통제나 간섭받는 것을 싫어한다. 스스로 자신을 통제하려고 하기 때문이다. 이때 정관은 자신을 다른 관점으로 평가하고 비판하므로 늘 옳은 길로 가려고 한다. 즉, 정도를 걸으려는 특성을 갖고 있다. 이에 따라 명예와 질서를 중요하게 생각한다. 그런데 편관은 조금 다르다. 통제 성향이 자신을 향하는 것이 아니라 오히려 주위 사람들에게 향한다. 자신의 자긍심을 키우는 방편의 하나로 주위 사람들을 통제하려는 것이다. 이에 카리스마적인 지배욕구가 강하다고 볼 수 있다. 즉, 정관이 초자아라면 편관은 자긍심이 지나친 자만심이라고 보는 것이다.

인간관계와 삶에서 남자에게 관은 자기의 상사, 일, 사회적 역량과 역할을 상징한다. 여자에게는 일과 이성관계에 해당한다. 정신의학적으로는 자기 성찰, 의협심, 의리, 책임감 등을 상징한다. 우리가 성장하는 데는 적절한 위기도 필요하고 자기 성찰도 필요하다. 그러나 지나치면 남이 뭐라고 하기 전에 스스로를 통제하므로 걱정만 많고 일을 시작하지 못하는 경우가 생긴다. 그러한 성격적 특성을 살펴볼 수 있는 개념의 하나가 바로 이 관성인 셈이다.

사회적으로 성공하는 것이 오로지 정부 요직의 관리였던 과거에는 이 관을 상징하는 오행이 튼튼한 것을 최고의 덕목으로 보았다. 그중에서 정관은 나라의 임금에, 가정에서는 부친의 역할에 비유하며 마땅히 존중받아야 할 오행이라고 여겼다. 요즘 같이 1인 기업과 자유업이 대세인 사회에서는 꼭 그렇게까지 강조할 필요는 없지만, 조직 생활을 할 수 있는지 아닌지를 살펴볼 수 있는 오행이라고 볼 수 있다.

인수(印綬): 정인(正印)과 편인(偏印)

나를 보호해주고 지지해주는 존재를 인수라고 한다. 그런데 이 한 자어가 흥미롭다. '도장 인(印)'에 '끈 수(綬)'다. 나라는 사람을 세 상에 안전하게 묶어 그 존재를 지켜준다는 의미가 아닐까 싶다. 인간관계에서는 부모를, 이어서 자비심과 학문, 문서 등을 상징한 다. 심리적으로는 자신을 지지해주는 존재나 그런 심리를 의미한 다고 생각한다. 내 논문에서는 'Supporting Factor, Resource'라고 번역했다.

인수가 있으면 사주에 자신을 지지해주고 보호해주는 오행이 있으니 일단 든든하다. 흔히 부모운이 없다고 하는 것은 이 인수 를 상징하는 오행이 아예 나타나지 않거나, 그 오행이 있어도 자 신에게 도움이 되지 않는 경우를 뜻한다. 일간이 너무 강해서 인 수를 필요로 하지 않는 경우도 해당한다. 이 경우 상담을 해보면 정신적 고통의 뿌리가 부모와의 관계에서 시작되는 경우가 적지 않다. 어린 시절 부모가 자신을 사랑해주지 않았다거나, 자기보 다 자신의 형제를 더 편애했다거나, 자신에게 지나치게 바라는 것 이 많아 힘들었다거나 하는 등으로 부모에 대해 원망하는 이야기 를 많이 한다. 동시에 자신이 부모에게 그런 감정을 갖는다는 것 에 대한 죄책감으로 또 힘들어하는 경우도 많다. 그들이 바라는 것은 대개 한 가지로 정해져 있다. 부모가 자신을 있는 그대로 사랑하고 지지해주기를 바라는 일이다. 그런 면 때문인지 사주에 이 인수의 글자를 가진 사람들은 쉽게 희망을 잃지 않고 위기의 순간에서도 오뚝이처럼 일어설 가능성이 높다. 인수는 학문의 능력도 나타낸다. 이는 정인과 편인으로 나뉘는데, 정인은 사회적 관습 내에서 이루어지는 학문이고 편인은 그러한 근본을 벗어난 학문, 즉 보다 더 범위가 넓은 학문을 상징한다.

또한 인수가 있는 경우 인간과 삶에 대한 근본적인 자비심과 수용의 마음을 갖는다. 사주 안에 인수가 없으면 자기 혼자 이 세상에 태어난 것 같은 자만심을 갖는 경우도 많다. 한편 인수가 지나치게 많거나 강하면 자신만의 세계에 사로잡혀 살기도 한다. 부모의 과잉보호 아래서 자라나는 아이들이 세상 무서운 줄을 모르면서 한편으로는 깊은 열등감에 사로잡히는 것과도 같다. 반면에 늘 새로운 것에 대한 호기심이 많아 학문의 길을 걸어갈 수도 있다.

대개 학자들을 보면 이 인수라는 글자가 자신에게 도움이 되는 경우가 많다. 특히 인수와 식상이 함께 있으면 남을 가르치는 능력이 더 뛰어난 경우가 많다. 다만 학자의 길을 걸어야 하는 사람들이 돈과 권력을 탐하다가 자칫 실수하는 이유는 오행학적으로 학문을 상징하는 인수와 뒤에서 살펴볼 재물을 상징하는 재성(財星)이 서로 상극관계이기 때문이다. 예를 들어, 일간이 수인 사람에게 인수는 금이다. 그런데 재물은 화의 오행이다. 화는 금을 녹이니 재물을 탐하면 학문의 능력이 녹아내리는 것이다. 이 같은 사주를 지닌 한 명리학자는 "본인은 학문의 길을 걸어야지 재물을 탐해서는 안 된다"라고 말하며 주위의 유혹을 뿌리쳤다는 일화도 유명하다.

식상(食傷): 식신(食神)과 상관(傷官)

식상 또한 한자어 풀이가 흥미롭다. '밥 식(食)'에 '상처 상(傷)'이다. 내 논문에서는 'Loosing' 혹은 'Hurting God'이라고 번역했다. 즉, 자신의 몫을 내어주는 것이다. 어떤 의미에서는 희생과 봉사를 상징한다. 나의 기운을 가져가는 존재로서 인간관계에서는 자녀를 뜻한다. 자녀가 내 기운을 가져가는 존재라는 것은 너무 공감이 가는 면이기도 하다. 대부분의 부모에게 돈을 버는 가장 큰 목적이 무엇이겠는가. 어떻게 해서든 내 아이들을 잘 키우기 위해서가 아닐까. 이에 자녀를 가리켜 '내 밥상의 기운을 가져가는 존재'라고 묘사한 옛사람들의 위트가 재미있다.

다음 장의 예시는 식상 중에서도 식신이 무려 3개나 들어 있는 사주다. 이 식상의 오행이 많은 사람들은 자기표현력이 뛰어나고 언어적인 능력도 우수하다. 정신의학적으로 살펴봐도 이 오행이 드러나지 않는 경우에는 자기표현력이 약하고 혼자 있고 싶어 한다. 하지만 반대로 지나치면 친밀감을 선호해 비밀을 잘 지키지

	시주	일주	월주	년주
일간과의 관계	식신		편관	정인
간	경금 (庚金)	무토 (戊土)	갑목 (甲木)	정화 (丁火)
지	신금 (申金)	신금 (申金)	진토 (辰土)	사화 (巳火)
일간과의 관계	식신	식신	비견	정인

＊ 년지(年支)의 사화(巳火)는 '음의 화'이지만 육친론에서는 '양의 화'로 해석한다. 그 이유는 지
   장간(支藏干, 지지에 들어 있는 하늘의 기운)과 연관되어 있는데, 복잡한 이론이므로 이 책에서
   는 다루지 않는다. 다만, 보다 정확히 표현하자면 편인이라고 해야 한다는 것만 말해둔다.

못하고 말이 많으며 자기 뜻대로 하려는 경우가 많다.

  식상은 일간과의 음양을 따져 식신과 상관으로 구분된다. 인
간의 속성으로는 식신이 좀 더 부드러운 감각적 능력을 상징하
고 상관은 저항적이고 혁명적인 특성을 상징한다. 다만 위에서도
말했듯이 지나치면 오지랖이 넓고 자기 뜻대로 하려는 자유분방
한 면이 높다. 따라서 사주에 상관을 가진 사람은 대개 기존 질서
에 저항적이며 좋고 싫음이 분명하다. 또한 자기 할 말은 다 하는
타입인 경우가 많다. 특히 서로 극하는 관계인 관성과 상관이 바
로 옆에 놓인 사주의 구조를 가진 사람들은 조직 생활에 적응하
기 어려워 한다는 걸 임상에서 더러 본다. 보통 이들은 자신의 사
업을 해야 한다고 하는데, 임상에서도 그러한 사례들이 적지 않

다. 식이 '밥 식(食)'이어서 그런지 음식 솜씨가 뛰어난 사람도 많다. 특히 음식점을 경영하면서 자기가 직접 요리하는 사람들 중에 이 식상의 오행이 도움이 되는 경우가 많다. 과거에는 관의 오행이 최고의 덕목이었지만, 요즘처럼 자본주의사회에서는 식상, 그 중에서도 식신이 최고의 복이 되는 오행으로 여겨지고 있다. 그래서 가장 좋은 사주 중의 하나가 식신이 2개이며 그 힘이 튼튼한 사주다.

한편 이 식상의 오행은 사람들이 가장 바라는 재물의 오행을 창출하는 역할을 한다. 심리적으로는 인생에서 자신이 바라는 것을 이루려는 욕구라고 할 수 있고, 인간관계에서는 자녀, 부하 직원, 후배들과의 관계를 상징한다. 자녀를 상징하는 오행은 남녀가 다르다. 남자의 경우는 자기를 극하는, 즉 관의 오행이 아들이라는 것을 오이디푸스 콤플렉스와 연관해 이야기한 바 있다. 그런데 여자의 경우는 자신의 것을 가져가는 이 식상의 오행이 자녀를 상징한다. 아무래도 모성을 지닌 여자들이 자식을 위해 더 희생하므로 그런 면이 보여진다고 해석한다.

재성(財星): 편재(偏財)와 정재(正財)

모든 사람이 다 바라는 재물을 상징하는 오행은 재성이다. 이 오행은 내 논문에서 'Surrendering, Wealth'라고 번역했다. 이는 일간과 음양이 일치하느냐에 따라 편재와 정재로 나뉜다. 편재는 나와 같은 편으로 대단히 큰 재물의 양을 상징하고, 정재는 나와 음양이 다른 만큼 나의 행동을 구속하는 면이 있어서 대개 직장 생활에서 얻어지는 재물을 의미한다. 임상에서 보면 편재를 가진 사람이 돈을 잘 번다. 앞서 식상도 재물의 오행을 창출하는 역할을 한다고 했는데, 그런 측면에서 보면 식상과 재성이 튼튼한 경우가 재물 면에서는 좋은 사주라고 할 수 있다. 여기에 무엇보다 일간이 강해서 그러한 재성을 통제할 수 있어야 한다.

거듭 강조하지만 재물은 내가 다스릴 수 있어야 한다. 재물은 일단 내 손에 들어와야 나의 것이기 때문이다. 다른 말로 하면 내가 재물을 다스려야지 재물이 나를 다스려서는 곤란하다. 또한 인

	시주	일주	월주	년주
일간과의 관계	정관		편인	비견
간	정화 (丁火)	경금 (庚金)	무토 (戊土)	경금 (庚金)
지	해수 (亥水)	인목 (寅木)	자수 (子水)	자수 (子水)
일간과의 관계	식상	편재	식상	식상

* 여기서 년주, 월주, 시주에 크게 '식상'이라고 표기한 것은 지장간과 연관이 있다.

수에서 기술했듯이 재물은 학문과 함께하기가 어렵다. 예를 들어 일간이 목인 경우 학문은 수의 오행이고 돈을 뜻하는 오행은 토가 된다. 나무가 땅에 뿌리를 내리므로, 즉 목의 오행이 토의 오행을 극하므로 토의 오행이 재물이 되는 것이다. 그러나 토의 오행은 수의 오행을 극하게 되므로 재물을 취하면 취할수록 학문이나 자비심은 약해지게 된다. 그것을 명리학에서는 '탐재괴인(貪財壞印)'이라고 한다. 재물을 탐내다가 나의 생명의 뿌리인 인수를 파괴시키는 형태다. 돈 앞에서 부모나 명예, 자비심을 버리는 경우라고나 할까.

만약 일간이 목인 경우에, 내 사주팔자 안에 목의 오행은 많고 재물을 뜻하는 토의 오행이 적다면 그야말로 군비쟁재(群比爭財)의 형태가 되어 형제간에 재물을 놓고 싸울 가능성이 매우 크다. 고부갈등도 마찬가지다. 수의 오행이 일간인 남자의 경우 어머니는 금의 오행이다. 그리고 아내는 화다. 화가 금을 녹이니 고부갈등이 일어날 수밖에 없다. 물론 어머니의 사주에서 화의 오행이 필요하면 고부간의 관계가 좋다. 이렇듯 사주팔자로 인생에서 일어나는 온갖 일들을 다 유추할 수 있다는 것, 그래서 오행의 흐름만 잘 살펴도 어떻게 살아야 하는지 우리 삶의 지혜를 알 수 있다는 것은 놀라운 일임에 분명하다.

간략하게
내 사주를
풀어보는 방법

사주를 보기 위해서는 먼저 마음가짐이 중요하다. 그것은 정신과 의사가 내담자를 보는 것과 비슷하다. 의사는 어떤 편견이나 선입견도 없이 내담자를 이해함으로써 그 자신도 모르는 그의 장점을 더 발휘하도록 도와주는 역할을 해야 한다. 사주팔자를 보는 법도 마찬가지다. 먼저 마음을 내려놓아야 한다. 앞서도 계속 언급해왔지만 우리가 자연의 이치를 안다는 것은 그 얼마나 어려운 일인가. 그런 것처럼 단지 여덟 글자로 한 개인의 모든 것을 다 알 수는 없다. 명리학의 고전을 쓴 대가들도 한결같이 강조하는 것은 '세심하게 살피고 숙고하고 겸손하라'는 것이다. 겨우 여덟 글자로 한 사람의 과거부터 미래까지를 다 안다는 것처럼 자만하지 말 것을 당부하고 또 당부한다.

여기에서 그 분석 과정을 다 이야기하기는 어렵다. 사주를 보기 위해서는 살펴야 하는 과정이 너무나 많기 때문이다. 이 책에서 그것을 일일이 설명하기는 쉽지 않다. 그리고 앞서도 말했지만 이 책은 사주 보는 법을 다루는 책이 아니다. 따라서 단지 명리학에 대한 이해를 돕기 위해 간단하게 사주를 볼 수 있도록 대강의 중요한 과정만 적어보려고 한다.

가끔 태어난 시를 모르는 경우가 많은데, 한 개인의 사주팔자를 분석하는 데 가장 중요한 것은 정확한 생년월일시를 아는 것이다. 그래야만 만세력을 통해서 그의 생년월일시를 사주팔자로 전환해 오행을 분석할 수 있다. 아주 예외적일 만큼 극단적인 사주는 생년월일만 갖고도 대강의 삶의 흐름을 알 수 있다. 하지만 그래도 시간까지 알아야 정확한 분석이 나온다. 100세 시대가 되면서 가장 중요한 것이 노년의 삶 아니겠는가. 흔히 시주(時柱)는 자녀와의 관계, 노후생활을 알 수 있는 중요한 정보다.

명리학적으로 사주를 해석하는 과정은 먼저 생년월일시를 사주팔자로 전환한 다음, 자신을 상징하는 오행인 일간을 찾고, 나머지 일곱 글자가 이 일간과 어떤 관계를 맺고 있는지, 그에 따라 비겁, 관성, 인수, 식상, 재성 등을 판단한다는 것만 다시 언급해두겠다. 다음 두 사람의 사주는 생년월일은 같고 태어난 시간만 다른

홍길동(가명) 씨의 사주

	시주	일주	월주	년주
일간과의 관계	편인		정인	편인
간	임수 (壬水)	갑목 (甲木)	계수 (癸水)	임수 (壬水)
지	신금 (申金)	자수 (子水)	축토 (丑土)	진토 (辰土)
일간과의 관계	편관	편인	정재	편재

김철수(가명) 씨의 사주

	시주	일주	월주	년주
일간과의 관계	식신		정인	편인
간	병화 (丙火)	갑목 (甲木)	계수 (癸水)	임수 (壬水)
지	인목 (寅木)	자수 (子水)	축토 (丑土)	진토 (辰土)
일간과의 관계	비견	편인	정재	편재

경우다. 그렇게 하는 이유는 태어난 시간의 중요성을 강조하기 위해서이기도 하다. 물론 이 사례는 내 경험을 살려 각색한 것임을 알려둔다.

① 가장 먼저 음과 양을 본다

이것은 정신의학적으로 가장 먼저 외향 성향이 더 강한가, 내향 성향이 더 강한가를 보는 것과 같다. 양의 오행에 해당하는 외향 성향은 심리적 에너지가 외부로 향해서 활동적이고 적극적이며 탐색적이다. 음의 오행에 해당하는 내향 성향은 심리적 에너지가 내부로 향해서 자신의 마음을 성찰하므로 한자리에 머물러 있기를 바라고 복잡한 인간관계보다는 독립적인 관계를 선호한다. 또한 대개 양의 오행은 '해당 오행의 기'를 상징하고, 음의 오행은 '해당 오행의 질'을 상징한다. 예를 들자면 갑목(甲木)은 나무의 생기를 상징하고, 을목(乙木)은 나무의 질(質)을 상징하는 식이다.

또한 음이 많은지, 양이 많은지에 따라 그 사람의 전반적 특성을 관찰할 수 있다. 좋은 일에 내 편이 많으면 그 일을 이루기가 쉽지만 나쁜 일에 내 편이 많으면 그 분위기에 휩쓸려 일을 그르칠 수도 있다. 즉, 음과 양이 적절하게 균형을 이룰 때 에너지가 중용을 지킬 수 있다. 이는 곧, 음과 양 중 어느 한쪽이 지나치게 많다면, 오행끼리 부딪치고 합할 때 그 힘이 더 가세가 된다는 뜻이다. 예를 들어서 조직에서도 내 의견에 반대하는 사람이 있어야만 내 의견이 맞는지를 돌아볼 수 있다. 그런데 다 내 편을 들거나 다 반대만 하면 일이 성사되지 않는 것이나 같다. 따라서 일차적으로 전체적인 오행이 음과 양으로 중용을 이루고 있는지를 보는 일이 중요하다.

홍길동 씨와 김철수 씨 두 사람 모두 2음 6양으로 외향 성향이 더 강하다. 좀 더 자세히 알아보면 천간에서 갑(甲), 병(丙), 임(壬)이 양이고, 지지에서 진(辰), 자(子), 인(寅)이 양이다. 월주에 해당하는 계수(癸水)와 축토(丑土)는 음의 오행이므로 2음 6양이 되는 것이다.

② 자신을 상징하는 오행의 힘을 본다

일간에 가장 큰 영향력을 행사하는 것이 태어난 달의 지지인 월지(月支)와 태어난 날의 지지인 일지다. 이 두 오행이 일간을 도와주는지, 아닌지를 살핀다. 인간은 하늘과 땅 사이에 존재하므로 둘 사이에 서로 기가 잘 통해서 궁극적으로 일간을 도와주고 있는지를 보는 것이다.

두 사람 다 축월(丑月, 음력 12월)에 태어난 갑목(甲木)이다. 홍길동 씨는 그 갑목(甲木)의 인수가 되는 수의 오행이 4개이며, 수의 오행의 근원이 되는 금의 오행이 1개 있어 그 힘이 대단히 강하다. 또한 지지의 오행이 신자진(申子辰) 삼합(三合)으로 수국(水局, 세 오행이 합쳐져서 수가 되는 것)을 이루어 수의 힘이 배가된다.

여기서 신자진 삼합을 한번 간략히 짚고 넘어가자. 이것은 명리학의 중요한 이론이다. 오행은 그 기가 시작되는 때가 있고, 그 오행이 가장 왕성해지는 시기가 있으며, 그 오행의 기운이 모여서 창고를 이루는 때가 있다는 이론이다. 물의 오행은 금에서 시작한다. 금생수(金生水)인 것이다. 그러므로 신금(申金)이 수의 오행의 시작점이고, 자수(子水)는 물의 오행의 기운이 가장 강력해지는 때이며, 진토(辰土)는 그 물이 흘러 들어가 창고에 갇히는 지점이다. 사주에 이 3개의 오행이 같이 있는 경우에는 시작과 정점, 끝이 있다고 하여 삼합이라고 하는 것이다. 그리고 이 3개의 오행이 함께 있으면 그 힘이 대단히 강해져 국(局)을 이룬다고 표현한다.

그러한 물의 흐름을 막을 수 있는 것이 바로 토의 오행인데, 이 사주는 토의 오행이 2개나 있지만 진토(辰土)는 신자진 수국을 이룰 때 쓰이고, 축토(丑土)마저 '물을 머금은 땅'으로 사주팔자의 모든 글자가 갑목(甲木)에 물을 대주는 형상이다. 이런 경우 갑목(甲木)의 힘은 강하지만 나무가 큰 물줄기에 떠내려가는 형상이라 땅에 뿌리를 내리기가 어렵다고 해석한다. 이때 성격적으로는 대단히 자기중심적이고, 자기 생각만 옳다고 주장해 갑목(甲木)의 장점인 부드러운 고집이 더 강해지는 특성을 보인다. 사주 전체가 '차가운 물에 떠 있는 나무'인 만큼 진토(辰土), 축토(丑土)가 갑목(甲木)을 뿌리내리게 해주는 것 같지만 다 물의 땅이라 제대로 뿌리내릴 수 없는 셈이다.

대개 갑목(甲木)의 오행을 가진 사람들은 유학의 오덕인 인의예지신 중에서 인을 상징하므로 인자하고 자상하며 이타적이다. 아름드리나무가 하늘로 올라가려 하듯이 이상주의적이면서도 고집이 강한 면이 있다. 호기심이 강해 남의 일에 관여하려는 면도 종종 보인다. 홍길동 씨는 갑목(甲木)의 그러한 성향이 보다 더 강해져서 남의 말을 안 듣고 자기 고집대로 하는 면이 강하다. 그리고 가장 중요한 나를 둘러싼 환경의 한난조습(寒暖燥濕)을 살펴보는 조후(調候)에서 차가운 겨울나무를 따뜻하게 해줄 화의 용신(用神, 결실을 맺는 데 중요한 역할을 하는 오행)이 없어 생각은 많으나 행동으로 옮기지 못하고, 선하기는 하지만 차가운 성향이 강해 배우자가 힘들어한다. 왜냐하면 배우자를 뜻하는 토의 오행이 2개인데, 그나마 진토(辰土)는 봄날의 땅이라 조금 뿌리를 내리게 할 수 있으나, 축토(丑土)는 겨울 땅이라 나무를 자라게 하기가 힘들기 때문이다. 그러니 부인과 사이도 그렇게 원만하지 않을 가능성이 높다.

홍길동 씨에게 사회운을 상징하는 신금(申金, 목의 오행을 가진 사람에게 금의 오행은 관으로 자기 자신을 통제하는 역량, 사회운, 조직운을 상징한다)은 신자진 수국으로 변해 자신에게 도움을 주지 못한다. 따라서 홍길동 씨는 순발력과 아이디어를 뜻하는 신금이 있어서 머리는 좋으나 그러한 두뇌를 현실 생활에서 활용하는 능력은 약하다. 늘 자기 생각에만 사로잡혀 있고 실행력이 떨어지기 때문에

'고집스러운 착한 남자' 정도의 묘사가 적절하다. 또한 정인과 편인을 뜻하는 인수가 지나치게 많은 사주는 마치 부모가 과잉보호를 하듯이 자기만 아는 경향이 있다. 또한 인수가 많으면 불필요한 걱정 또한 많다는 것을 상징하므로, 착하지만 비관적이고 불필요한 걱정과 근심이 많은 성격이다. 또한 이 사람처럼 합이 많은 사주는 쉽게 결정을 내리지 못해 우유부단하고 주위 눈치를 잘 본다. 따라서 인간관계에서도 맺고 끊는 것을 잘하지 못할 가능성이 크다.

반면에 김철수 씨는 시를 잘 타고났다. 추운 겨울날의 나무가 자라나려면 햇볕이 필요한데, 시에서 병화(丙火)와 인목(寅木)이 자리하고 있어서 재주가 많고 문장을 잘 쓰며 풍요롭게 산다. 즉, 병화(丙火)가 추운 땅을 따뜻하게 해주므로 돈과 이성관계를 상징하는 토의 오행을 제대로 살려주는 것이다. 또한 강한 수의 기운을 빨아들이는 목의 오행이 하나 더 있어 어려울 때마다 자신에게 힘이 되어준다. 즉, 김철수 씨는 일간인 갑목(甲木)을 도와주는 용신이 뚜렷하고, 그 힘이 강해 사회적으로나 심리적으로 안정된 구조다. 또한 식신을 뜻하는 병화(丙火)의 기운이 좋아서 인간관계에서 표현력이 뛰어나고 윈윈(Win-Win) 관계를 잘 맺는다. 따라서 김철수 씨는 자녀와의 관계도 좋고 형제와의 관계도 좋은 구조를 타고났으며 실제로도 그러하다.

③ 나머지 일곱 글자의 오행을 골고루 살핀다

좋은 사주란 에너지의 흐름이 원활한 사주다. 홍길동 씨는 그 에너지의 흐름이 토생금(土生金) → 금생수(金生水) → 수생목(水生木)에 그쳐 그가 갖고 있는 역량을 다 발휘하지 못하고 있다. 하지만 김철수 씨는 식신에 해당하는 병화(丙火)의 오행이 힘이 강해 제 힘을 발휘하고 꽃이 피는 사주다. 그리고 그런 결실을 맺는 데 가장 중요한 역할을 하는 용신이 분명하게 존재한다.

반대로 좋지 않은 사주는 홍길동 씨처럼 용신이 없는 사주를 말한다. 사주에 용신이 없으면 그 사주가 빛을 잃고 하는 일마다 결실을 맺기가 어렵다. 홍길동 씨의 경우 억지로 용신을 찾는다면 진토(辰土)인데, 진토(辰土) 속에 지장간인 을(乙)과 계(癸), 무(戊)가 존재해 을목(乙木)이 갑목(甲木)에게 힘을 보태주고 있기는 하다. 다만 그 활약성이 뛰어나지 못할 뿐이다. 그 진토(辰土)가 궁극적으로는 이 사주의 주인공에게 불필요한 수의 오행을 더 도와주는 역할이라 별로 쓸모가 없는 것이다. 그러나 김철수 씨는 추운 겨울날의 아름드리나무를 꽃피우게 할 병화(丙火)가 있고 바로 옆에 있는 인목(寅木)이 그 병화의 힘을 더 키워주며, 강한 물의 힘으로부터 갑목(甲木)을 보호해준다.

④ 운의 흐름을 살핀다

사람들마다 자기가 태어난 연월의 오행에 따라 앞으로 살아갈 운의 흐름이 다르다. 이는 곧 자신을 이루는 사주팔자에 조금 문제가 있어도 운의 흐름이 좋으면 그 안 좋은 구조를 극복해나갈 수 있다는 뜻이다. 반대로 사주팔자가 좋아도 운의 흐름이 좋지 않으면 사주의 격은 높지만 청빈한 삶을 살아간다. 그래서 명리학적으로 좋은 사주는 사주팔자보다 운의 흐름이 더 좋은 경우다. 자기 능력이 조금 떨어져도 주위에서 도와주는 사람이 있거나 때를 잘 만나면 성공하지만, 아무리 능력이 뛰어나도 주위에서 도와주는 사람이 없거나 때를 만나지 못하면 성공하지 못하는 것과 같다. 우리는 그런 사례들을 현실 속에서 너무나 많이 보고 있다.

홍길동 씨와 김철수 씨는 연과 월이 같아 운의 흐름이 같다(운의 흐름을 보는 법은 여기서 다루지 않는다). 다만 이 두 사람의 운은 그 흐름이 목→화→금→수로 흐르는데, 홍길동 씨는 화의 운이 들어올 때 그나마 조금 나아지고 김철수 씨는 더 복이 많아진다.

또한 사주에서 일간을 도와주는 글자가 앞쪽에 있으면 초년이 좋고 뒤쪽에 있으면 말년이 좋다. 홍길동 씨는 초년이나 말년이나 힘든 것은 마찬가지다. 다만 청년기부터 일간을 도와주는 용신인 화의 운이 들어오니 그나마 다행이다. 다만 말년운은 좋지 않다. 김철수 씨는 어느 운이든지 그런대로 이겨나갈 수 있다. 워낙 근본이 좋기 때문이다.

지금까지 사주를 보는 법을 전체적으로 설명했으나 실제로는 그 외에 수많은 이론을 활용해서 분석한다. 여기서는 그러한 과정은 생략되었다. 다만 음양과 오행의 균형이 잡힌 사주, 환경적 영향인 조후가 잘 갖춰져 있고 일간의 힘이 건강한 사주, 용신이 튼튼한 사주, 운의 흐름이 좋고 기가 잘 통하는 사주가 좋은 사주라는 점만 강조해둔다. 또한 예외적인 경우도 많다. 우리 모두는 눈, 코, 입을 갖고 있어도 저마다의 생김새는 다르다. 그런 것처럼 한 사람 한 사람의 사주도 전 우주를 관찰한다는 마음가짐으로 봐야 한다는 것을 잊지 않아야 할 것이다.

정신의학과 명리학으로 함께 보는
다섯 가지 성격 유형

명리학적 관점으로 한 개인의 특성을 나누는 것은 쉬운 일이 아니다. 그러나 정신의학적 분석과 대비해보면 서로 연관되는 부분이 많다. 바로 그러한 연관성에서부터 가닥을 잡아가다 보면 명리학적으로도 성격 유형을 나누는 것이 가능해진다. 그리고 그러한 분류가 흥미롭고도 대체로 정확하다는 것을 나는 리더십 코칭 과정이나 임상 사례에서 확인해오고 있다.

정신의학적으로 한 개인의 특성을 알아보기 위해서는 먼저 기질적으로 새로운 것을 추구하는 성향이 강한지, 아니면 안전지향성이 높은지, 삶에서 일에 더 치중하는지, 인간관계에 더 치중하는지를 본다. 성격적으로는 자율성과 연대감이 강한지, 사고과정이 합리적이고 융통성이 있는지 등을 살핀다. 그다음으로 대인관계에서는 지배형인지, 친밀형인지, 회피형인지 등으로 나눈다. 한편 명리학적 분석에서는 음양오행의 균형과 조화, 기의 흐름이 갖는 원활함, 그리고 일간의 강약과 일간을 도와주는 역할을 하는 용신이 제대로 자리 잡고 있는지 등으로 알아본다. 오행의 특성상 재성, 관성, 인수, 식상이 골고루 분포해 있으면 심리적 성숙도가 우수하다고 본다. 아래의 사주로 예를 들어보자.

	시주	일주	월주	년주
일간과의 관계	정재		정인	겁재
간	무토 (戊土)	을목 (乙木)	임수 (壬水)	갑목 (甲木)
지	인목 (寅木)	사화 (巳火)	신금 (申金)	신금 (申金)
일간과의 관계	겁재	식상	정관	정관

이 사주는 자연현상에 비유하면 '가을날의 작은 나무'이다. 얼핏 보면 작은 나무가 가을에 태어났으니 때를 놓쳐 시들 것 같지만 일간이 나름 튼튼하다. 일간과 같은 오행이면서 음양이 다른 겁재가 2개, 정인인 인수가 1개 있기 때문이다. 즉, 부모도 있고

형제자매도 있어 내 편이 되어주는 사람이 많다고 할 수 있다. 한편 지나치게 자만심을 갖지 않도록 스스로를 절제하는 역량인 정관이 2개나 있고, 그 정관이 아이디어를 상징하므로 머리가 좋다. 돈을 버는 역량과 표현력을 상징하는 식상과 그러한 노력으로 벌어들이는 재물 및 배우자를 상징하는 정재도 있어 나름 오행의 균형과 조화가 이루어지고 있다. 기의 흐름도 금생수(金生水) → 수생목(水生木) → 목생화(木生火) → 화생토(火生土)로 잘 흐르고 있어 사고가 유연하고 자기표현 능력과 목표의식이 강하다. 정신의학적 분석으로도 심리적 성숙도가 높고 인내력, 지구력, 정직함 등이 골고루 갖춰져 있다는 결과가 나왔다. 실제로도 크게 성공했다.

내가 쓴 논문에서는 통계적으로 사주에 양이 많은 사람들이 음이 많은 사람들보다 더 공격적이고 지배적이었다. 다른 사람에게 관여하고자 하는 자기중심적인 성향이 높다는 결과도 나왔다. 오행 중에서는 화의 오행이 많은 사람들이 다른 오행에 비해 인간관계에서 연대감이 높은 것으로 나타났다. 사방으로 퍼져가는 불의 속성으로 인해 인간관계에서도 밝고 유쾌하며 협동심이 강하게 발휘되는 것으로 보인다. 한때 '목소리와 성격의 상관관계'를 연구했을 때는 수의 오행을 가진 사람들이 말을 가장 빠르게 한다는 통계 결과를 얻기도 했다.

나로서는 그런 결과 자체가 매우 흥미로웠다. 통계적으로 볼 때 성격적 특성은 음양이나 오행의 종류보다는 일간과 그 주변의 일곱 글자로 분석한 육친론을 쓸 때 더 유의미했다. 다음은 그런 정신의학과 명리학을 접목하여 성격 특성을 다섯 가지 유형으로 분석한 결과다.

성취욕구가 큰 행동지향형

식상이 많은 사주로서 정신의학적 분석에서는 특히 사회적 친밀감과 연관된다. 식상은 명리학적으로 자신이 갖고 있는 능력을 표현하거나 행동으로 옮겨 결과물을 산출하는 역량을 상징한다. 따라서 이러한 식상이 주가 되는 사주의 주인공들은 표현능력이 우수하고 인간관계에서도 상대에게 잘 맞춰주는 성향을 갖고 있다. 자신의 것을 주장하기보다는 상대에게 맞춰주려는 유형이다. 그들은 내가 논문을 쓸 때 연구한 바로도 기질과 성격 특성에서는 사회적 민감성이, 대인관계 특성에서는 순응성이 높다는 결과가 나왔다.

실제 임상에서도 식상이 잘 발달한 사람들은 자기표현 능력이 우수하고 부지런하며 성취에 대한 야망도 높다. 감각적이어서 예술 분야에서도 역량을 발휘한다. 그러면서도 사회적 기술이 우수하다. 다만 식상이 지나치게 많거나, 식신보다 상관이 많은 경우에는 자기 뜻대로 하고 싶어 하고 나서기를 좋아하며 말이 앞서는 경향이 있다. 인간관계에서 호불호를 따지는 성향도 강하다.

	시주	일주	월주	년주
일간과의 관계	식신		식신	편재
간	정화 (丁火)	을목 (乙木)	정화 (丁火)	기토 (己土)
지	축토 (丑土)	사화 (巳火)	축토 (丑土)	해수 (亥水)
일간과의 관계	편재	식상	편재	인수

위의 예로 든 사주를 보면 일간은 '음의 목'인 을목(乙木)으로 '한겨울의 작은 나무'이다. 월지는 '음의 토'인 축토(丑土)로서 이 사주에서는 자기 노력의 결실로 얻어지는 경제적인 산물을 상징한다. 식상에 해당하는 화의 오행이 3개나 되어 환경적 영향인 조후를 잘 맞추고 있다. 한겨울의 나무에게 가장 필요한 오행을 갖추고 있다는 뜻이다. 화의 오행은 그에게 부단한 부지런함과 다른 사람에게 맞춰주는 배려의 성향을 상징하며, 수의 오행은 인간과 삶에 대한 근본적인 자비심과 수용의 능력을, 목의 오행은 자긍심, 토의 오행은 자기 노력의 결실과 현실에서 자신의 영역을 구축하려는 성향을 상징한다. 자기통제 성향을 나타내는 금의 오행

이 드러나지 않아 다른 사람의 통제나 간섭을 기꺼워하지 않으며, 스스로 결정해서 행동하려는 성향이 매우 강하다. 그런 점에서도 행동지향형으로 분류할 수 있다.

정신의학적으로도 부지런하고 감각적이며 성취지향적인 유형으로 기질 및 성격에서 사회적 민감성이 매우 높아 밝고 유쾌하며 때로는 모르는 사람을 위해서도 도움을 베풀 정도다. 창의적인 면도 대단히 높고 대인관계에서도 협동적인 데다가 리더십에 꼭 필요한 자기 확신과 용기, 단호함을 갖추고 있어서 일찍이 성공한 케이스다.

책임감이 강한 자기절제형

관이 많거나 관이 용신인 경우, 또는 관이 잘 발달한 사주가 이에 속한다. 관은 명리학적으로는 자기를 극하는 오행이므로, 남이 뭐라고 하기 전에 스스로를 절제하는 역량이다. 따라서 사회적으로 성공하기 위해서는 적절한 식상과 더불어 이 관이 튼튼해서 제 기능을 발휘하는 것이 중요하다. 그렇지 않고 관이 약한데 식상만 있으면(물론 인수만 있거나, 재성만 있을 때도 마찬가지다), 자기통제를 잘하지 못해서 문제가 생겨날 가능성이 있다. 물론 관이 지나치는 경우에도 남이 뭐라고 하기 전에 스스로를 심하게 비판하는 성향을 보인다. 그런 경우 걱정이 많고 자기비판이 강해 타고난 잠재력을 제대로 발휘하지 못할 가능성이 있다.

그러나 식상과 관의 균형, 조화가 잘 잡혀 있는 경우에는 정신의학적으로도 심리적 성숙도가 우수하고 통솔력이 뛰어나 리더로 성공할 가능성이 크다. 도덕성과 책임감, 의협심, 결단성, 조직에 적응하는 능력 등도 다 우수한 경우가 많다.

	시주	일주	월주	년주
일간과의 관계	편관		편관	편관
간	정화 (丁火)	신금 (辛金)	정화 (丁火)	정화 (丁火)
지	유금 (酉金)	축토 (丑土)	미토 (未土)	유금 (酉金)
일간과의 관계	비견	편인	편인	비견

위의 사주에서 일간은 '음의 금'인 신금(辛金)으로 자연에서는 '정제된 보석'을 상징한다. 인간의 속성으로는 의리, 결단성, 민감함, 예술성 등을 상징한다. 월지는 '음의 토'인 미토(未土)로서 자기 생명의 근원, 자비심, 인내력, 학문의 능력 등을 상징한다. 오행의 특성으로는 관에 해당하는 정화(丁火)가 3개나 있어 일단 관이 강하다. 그러면서도 자신을 상징하는 금의 오행 또한 그 기가 강

건해 강한 화의 기운을 이겨낼 수 있다. 8개의 오행이 모두 음에 해당하는데도 정신의학적 분석에서는 외향 성향이 강하게 나온 경우다. 이 역시 오행에 화가 많기 때문이다. 이 화의 오행은 그에게 특히 자기 성찰 능력을 나타내며, 그 밖에도 책임감, 결단성, 의협심, 진취성 등을 상징한다.

다만 타인에게는 관대하나 자신에게는 엄격한 면이 때로는 강박적일 정도로 강한 편으로 보인다. 관의 특성인 자기통제력이 높다 보니 역시 아부와 간섭은 받는 것도, 하는 것도 별로 좋아하지 않는다. 자기절제형의 전형적인 모습을 지녔다고 할 수 있다. 성격 특성에서도 윤리적인 원칙이 분명해 때로는 손해를 보더라도 그 원칙을 고수하는 면이 있다는 결과가 나왔다. 그 밖에 자율성과 지구력, 인내심, 성취욕, 조직에 적응하는 역량 등도 우수한 것으로 나타났다. 활동적이며 인정이 많고 관대한 리더십의 소유자로서 인간관계에서는 신의를 중요하게 여기고 아랫사람들과 관계도 좋은 것으로 나타났다.

이재에 능한 현실추구형

한마디로 재성이 많은 사주다. 이 경우에는 일간이 튼튼해야 한다. 그렇지 않고 재물을 뜻하는 글자만 많으면 '재다신약(財多身

弱)'이라고 해서 돈으로 인해 패가망신하기도 한다. 또한 사주에 비겁이 많은데 돈이 들어올 운을 만나면 한 보따리의 돈을 가지고 여러 사람들이 싸우는 형상이라 문제가 발생하기도 한다. 흥미로운 것은 자기 사주에 재물을 뜻하는 글자가 없으면, 오히려 돈에 대한 집착만 강하고 돈을 벌 수 있는 현실적인 과정을 소홀히 한다는 점이다. 그런데 임상에서는 그러한 무재(無財) 사주가 기본 바탕만 튼튼하다면 운에서 재물을 뜻하는 오행이 들어올 때 매우 큰돈을 버는 경우가 종종 있다.

재물을 상징하는 재성은 거듭 강조하지만, 일간이 튼튼하고 돈을 만들어내는 과정이 되는 식상이 함께 좋아야 한다. 더불어 그 재물로 명예를 가져오는 관도 좋아야 한다. 그렇지 않고 재성만 많은 사주는 자칫 자린고비이거나 지나치게 실리적인 면만 추구한다. 정신의학적 분석에서도 이 경우는 현실적 가치를 추구하는

	시주	일주	월주	년주
일간과의 관계	편인		편인	식신
간	경금 (庚金)	임수 (壬水)	경금 (庚金)	갑목 (甲木)
지	술토 (戌土)	인목 (寅木)	오화 (午火)	신금 (申金)
일간과의 관계	편관	식신	편재	편인

면이 매우 높고 인간관계에서 경쟁 성향과 자기중심 성향이 높은 사례가 많다. 일반적으로는 목표의식이 강해 좌고우면(左顧右眄) 하지 않고 자신의 성취를 위해서 매진하는 유형이다.

앞의 사주에서 일간은 '양의 수'인 임수(壬水)로 '한여름의 바닷물'에 비유한다. 월지는 오화(午火)로 '한여름의 태양'을 상징하고 재물운을 상징한다. 일지에 일간이 생해주는 목의 오행, 즉 식신이 자리 잡고 있어 배우자와의 관계도 좋다. 마치 부모가 자녀를 사랑하듯이 배우자에게 마음이 가는 구조이기 때문이다. 재물에 해당하는 화의 오행이 궁극적으로는 관에 해당하는 토의 오행을 생해주므로 평생이 화복한 사주다. 임수(壬水)가 생해주는, 즉 식상에 해당하는 것은 나무인데 이 사주 안에는 아름드리나무가 두 그루나 있다. 게다가 오화(午火), 인목(寅木), 술토(戌土)의 세 가지 오행이 합쳐져서 화국(火局)을 형성하니 이 사주에서 재물을 상징하는 화의 오행의 기가 대단히 강건하다. 그러니 평생 재물운이 왕성하다고 할 수 있다. 특히 운의 흐름도 좋아 나이가 들수록 더 많은 일을 하고 그것이 명예로 이어질 가능성이 매우 높다. 실제로 굴지의 기업에서 최고경영자의 자리에 오른 성취를 이뤄내 입지전적인 인물로 손꼽힌다.

정신의학적 분석에서도 카리스마와 신의가 있고 오직 목표를 위해서 분투하는 성취지향성이 대단히 높았다. 성격 특성상으로도 바닷물이 상징하는 것처럼 변화 앞에서 매우 유연하고 주변에 있는 사람들을 챙기는 리더십을 잘 발휘해 따르는 사람이 많은 것으로 알려져 있다. 다만 성격상 여름날의 바다인데다 기가 강건해 한번 화를 내면 무섭다. 그러나 여름날 소나기가 시원하게 내리고 나면 그걸로 그만인 것처럼 뒤끝이 없어서 사람들이 더욱 좋아한다.

생각이 깊은 사고지향형

명리학적 분석에서 가장 중요하게 보는 것이 인수의 존재다. 인수는 일간의 뿌리이기도 하며 생명력, 부모, 자비심, 학문의 역량을 상징하므로 인수가 있으면 마치 뿌리 깊은 나무처럼 흔들림이 덜하다. 따라서 인수가 적절한 경우 생각이 깊고 인간에 대한 근본적인 이해와 자비의 마음을 가지고 있다고 분석할 수 있다. 위기 앞에서 쉽게 넘어지지 않으며 학문적으로도 역량을 발휘하는 경우가 많다. 정신의학적으로는 인내심, 수용성 등과 연관된다. 심리적 성숙도도 우수하고 성격적으로 명랑하며 따뜻하게 남들의 마음을 헤아리는 공감과 관용의 능력도 뛰어난 경우가 많다. 그렇다고 해서 인수가 지나쳐도 자기중심적인 사고에 빠지기 쉽다. 또한 과잉보호하는 부모가 자식을 망치듯이 인수가 너무 많으면 의존적인 사람이 될 가능성이 크다.

인수가 균형 잡힌 사주는 매사에 생각이 깊고 통찰력이 높다. 섬세한 면도 있으므로 조직에서는 앞서 살펴본 행동지향형과 상호보완의 관계를 이룰 수 있다. 물론 서로 반목할 가능성도 있으나 사고지향형의 경우 가능한 한 그런 상황을 피하고자 노력한다.

	시주	일주	월주	년주
일간과의 관계	편인		정관	식신
간	정화 (丁火)	기토 (己土)	갑목 (甲木)	신금 (辛金)
지	묘목 (卯木)	해수 (亥水)	오화 (午火)	축토 (丑土)
일간과의 관계	편관	편재	인수	비견

위의 사주에서 일간은 '음의 토'인 기토(己土)로 자연현상으로는 '한여름의 옥토'이다. 월지는 '양의 화'인 오화(午火)다. 모든 것을 받아들여 새로운 생명을 만들어내는 땅의 속성처럼 자신에게 주어진 모든 것을 잘 소화해 그 결과를 만들어내는 능력이 탁월하다. 기의 흐름도 원활해 사고의 흐름 또한 인수의 특징대로 통찰력이 있고 합리적이다. 한편 해수(亥水)와 묘목(卯木)의 오행끼리 서로 결합해 목국(木局)을 이루므로 스스로를 통제하는 역량도 우수하다. 따라서 온화하게 주위와 조화를 이루며 불리한 상

황도 유리하게 만드는 능력을 가지고 있다. 특히 누구나 좋아하는 밝고 명랑한 성격과 넓은 마음을 지녔으며 남에게 아무런 대가를 바라지 않고 베풀기를 좋아해 사람들이 항상 따를 가능성이 높다.

자신을 상징하는 토의 오행의 근원이 되는 화의 오행이 2개나 있어 생명력이 강하고, 인간과 삶에 대한 근본적인 수용과 자비의 마음을 갖고 있다. 현실에서는 조직운을 상징하는 목의 오행이 2개 있어 사회적으로 성공운도 좋다. 그런 면이 자기 꿈을 이루기 위해 부단히 노력하는 면과 합쳐져 성공한 경우다.

정신의학적 분석에서도 심리적 유연성이 높고 변화를 쉽게 받아들이며 현실에 적응하는 능력도 뛰어난 것으로 나타났다. 명분을 중요시하고 도덕적 원칙이 분명하며 긍정주의자의 면모가 강해 역시 그런 점들이 그를 성공으로 이끈 요인으로 보인다.

과감하고 자긍심이 강한 권력추구형

일단 비겁이 많은 사주가 이 유형에 속한다. 자긍심이 강하고 과감하며 권력을 추구하는 경우가 많다. 경쟁적이며 호불호가 분명하고 자기주장이 강한 면도 있다. 의협심이 있고 아랫사람들과는 대체로 잘 지내나 권위적인 존재에 대해서는 저항하는 면도 있다. 빠른 판단력과 결정력으로 중요한 직책을 맡아 업무를 수행하는 능력이 뛰어난 경우가 많다. 다만 고집이 세고 민감하며 내성적인 경우도 있다.

정신의학적으로도 이 비겁의 오행이 많은 사람들은 인간관계에서 경쟁심이 높은 경우가 많다. 좋게 작용하면 건강한 자긍심과 책임감으로 카리스마 있는 리더십을 발휘하지만, 지나치면 자기중심적이면서 냉담하고 안전지향성이 높아 변화를 싫어한다. 내 논문에서 정신의학적 분석과 가장 연관된 유형으로 분류되었다.

	시주	일주	월주	년주
일간과의 관계	겁재		겁재	편인
간	임수 (壬水)	계수 (癸水)	임수 (壬水)	신금 (辛金)
지	자수 (子水)	사화 (巳火)	진토 (辰土)	축토 (丑土)
일간과의 관계	겁재	편재	정관	편관

일간은 '음의 수'인 계수(癸水)로서 자연현상으로는 '봄날의 샘물'이다. 하지만 그렇게 작은 샘물이 종래는 거침없이 강을 이루고 흐르는 형상을 하고 있다. 즉, 자신을 상징하는 수의 오행이 4개로 절반을 차지하고 있어서 도도하고 과감한 것이다. 그러나 역시 자기중심적이고 과시적인 면도 있다. 월지는 '양의 토'인 진

토(辰土)로서 이 사주의 주인공에게는 의리, 사회운, 조직 활동 등을 상징한다. 그 자신도 그러한 것에 삶의 가치를 두고 있다고 하겠다. 인수가 있어서 삶과 인간에 대한 근본적인 수용과 자비심을 갖고 있으며 인내력이 매우 강하다.

정신의학적 분석으로도 명예와 책임감, 도덕성을 중요하게 생각해 자신의 원칙대로 행동하는 부분이 있는 것으로 나타났다. 역시 권위적인 존재에 저항적이며 섬세한 표현력 등은 없어서 때로 자기중심적으로 밀어붙인다는 인상을 줄 가능성이 매우 높다. 인간관계에서도 섬세함이 낮아서 그러한 면을 보완하려는 노력이 필요하다는 평가를 받았다. 그러나 정신의학적으로나 명리학적으로도 일단 일을 맡으면 강한 추진력과 활동력으로 처리하는 능력이 뛰어나다고 보였다. 역시 그러한 면으로 성공한 사례다.

때로는 내 삶에
천적이 필요한 경우도 있다

"서로 염색체가 맞아야 사랑도 하는 법"이라는 말이 있다. 무얼 하든 나와 코드가 맞는 사람이 필요하다는 뜻을 담고 있다. 그건 대부분의 인간관계는 물론이고 리더십에서도 그대로 적용된다. 다만 리더의 곁에 그처럼 코드가 맞는 사람만 존재해서는 곤란하다. 물론 리더도 사람인지라 자신에게 충성하고 업무적으로 자신의 뜻을 알아서 착착 받드는 부하 직원이 더 편하고 좋은 것은 어쩔 수 없다. 하지만 그런 사람들로만 주변을 채워서는 변화를 이루기가 쉽지 않다. 따라서 건설적인 비판과 대안을 제시할 수 있는 동료나 부하 직원이 리더에게는 반드시 필요하다.

리더십만을 다룬 나의 책 『CEO, 마음을 읽다』(지금은 절판 상태다. 그리고 여기에 몇 가지 문장과 사례를 인용했음을 미리 밝혀둔다)에서 나는 리더십을 사랑의 관계에 비유하곤 했다. 불같은 사랑도 그 유효기간은 정말 얼마 되지 않는다. 고작 일 년 몇 개월이면 서로에 대한 콩깍지가 벗겨진다. 코드가 맞아 서로에게 뜨거운 지지를 보냈던 인간관계도 이와 마찬가지다. 그 코드가 살짝 어긋나거나 몇 번의 오해만으로도 쉽게 깨질 수 있는 것이다. 물론 기업을 경영하는 일이 사랑에 빠지는 것과 비슷하다면, 코드가 맞는 사람이 보내주는 뜨거운 지지는 리더에게 좋은 에너지가 되어줄 것이다. 이때 문제는 사랑은 깨지면 두 사람만의 상처로 남지만 기업의 경우 훨씬 더 많은 사람이 다칠 가능성이 높다는 것이다. 그런 의미에서 리더는 자기 주위에 '천적'을 허용할 필요가 있다.

흥미롭게도 이는 명리학의 이론에서도 찾아볼 수 있다. 명리학에서는 자신과 같은 음양이면서 일간을 극하는 오행을 편관이라고 하고 자신을 극하지만 나와 다른 음양은 정관이라 한다고 했다. 여기서 나를 극한다는 건 절제의 의미를 담고 있다.

일차적으로 편관은 모험심, 권위, 지배적 성향, 개척 정신 등의 장점을 지닌 반면 난폭함, 반항, 고집 등의 단점도 함께 갖고 있다. 반대로 정관은 책임감, 도덕성, 준법정신 등을 상징한다. 단점은 원리원칙을 따지므로 융통성이 없다는 것이다. 과거에는 사주팔자 중에서 정관을 최고의 덕목이라 여겼다고 했다. 그렇다면 왜 구태여 편관과 정관을 나누는 것일까? 관이 아무리 절제력을 나타낸다고 해도 나와 같은 오행이면 나와 같은 성향을 가질 수밖에 없다. 즉, 음이면 음의 성향이, 양이면 양의 성향이 더 강해지는 것이다. 그러므로 쉽게 내 편이 될 수 있다. 물론 좋은 일에 내 편이 많아서야 나쁠 일은 없다. 다만 살짝만 지나쳐도 자만심에 빠지기 쉽다. 나쁜 일에는 말할 것도 없다.

이러한 이론을 통해 우리가 배워야 할 점은 나와 반대되는 의견을 가진 사람을 무작정 밀어내서는 안 된다는 것이다. 나의 의견에 반대하는 의견을 듣는 것은 어려운 일이다. 하지만 그것을 참고 들어보면 내가 보지 못하는 것을 상대가 보고 있는 경우가 훨씬 더 많다. 그리고 그것이 바로 명리학에서 말하는 음양오행의 균형과 조화다.

더불어 리더의 위치에 있을수록 자신의 처신을 더욱 조심해야 한다. 나는 『CEO, 마음을 읽다』에서도 이 주제를 다루었는데, 리더의 능력이 그의 인간성, 즉 성품과 얼마나 깊이 연관되어 있는가를 탐구했다. 결론은 진정한 의미의 리더는 뛰어난 능력과 좋은 성품을 두루 갖춘 사람이었다.

이는 명리학에서도 마찬가지다. 기본적으로 리더들의 사주는 그 기가 강한 것이 특징이다. 나는 아직까지 일간이 약하면서 리더 역할을 잘해내는 사람을 보지 못했다. 여기에 더해 오행의 특성상 균형과 조화를 이루는지가 크게 영향을 미친다. 오행학적으로도 타고난 성품이 반듯하고, 대인관계도 원만하며, 변화를 두려워하지 않고, 긍정적이고 진취적인 기상을 지니고 있어야 하는 것이다. 이는 정신의학적으로 리더들의 역량을 분석했을 때도 다를 바 없다. 대부분 성공한 리더는 훌륭한 능력과 좋은 성품을 동시에 지니고 있었다. 그렇지 않고 리더가 자신의 능력만을 내세우고 자기중심적으로 행동하는 경우에는 그 부작용이 적지 않음을 수 없이 목격했다.

언젠가 모 기업에서 승진 대상 임원들의 리더십 분석 과정을 진행할 때였다. 무조건 도전 정신을 외치면서 자신의 카리스마가 대단히 강하다고 생각하는 리더가 있었다. 그러나 정신의학적으로 분석했을 때 그는 무엇보다도 인간에 대한 이해가 부족했다. 리더가 지녀야 할 필수 덕목인 관용은 말할 것도 없고 협동하려는 의지도 없었다. 목표를 이루기 위해 자기본위의 편의적인 방법을 쓰거나 때로는 부정직한 일에 손대는 것도 아무런 거리낌이 없었다. 그 때문에 겉보기에는 회사가 바라는 업적을 누구보다 빠르게 이루어나가는 것처럼 보였고 승진도 다른 사람들보다 빨랐다.

그러나 리더십 분석 과정에서 그에게 앞서 언급한 문제들이 있다는 게 드러났다. 나로서는 그러한 점들을 간과하기가 몹시 어려웠다. 고위임원으로의 승진을 앞두고 진행한 평가 과정이어서 그의 검사 결과는 최고경영자에게 보고되었다. 결과를 전해 들은 최고경영자는 크게 고민하는 모습이었다. 그의 뛰어난 업무 역량을 놓치고 싶지 않았던 것이다. 결국 당사자를 불러 주의를 환기시키는 정도로 조치를 끝냈다. 하지만 그로부터 얼마 지나지 않아 그는 결국 씻을 수 없는 일을 저질러 그 자신은 말할 것도 없고 회사에 막대한 손실을 입히는 결과를 초래했다.

명리학에서는 중요한 위치에 있는 사람일수록 특별히 자기중심적인 성향을 조심하라고 말한다. 가령 자신을 구성하는 사주가 다음과 같은 리더가 있다고 해보자.

	시주	일주	월주	년주
일간과의 관계	비견		비견	편관
간	병화 (丙火)	병화 (丙火)	병화 (丙火)	임수 (壬水)
지	신금 (申金)	술토 (戌土)	오화 (午火)	진토 (辰土)
일간과의 관계	편재	식신	비견	식신

여덟 글자가 모두 양의 사주다. 그의 얼굴을 직접 보지 않아도 그가 얼마나 도전적이고 활동적이며 적극적인지를 알 수 있다. 게다가 화의 오행이 사주의 절반을 차지하고, 그마저도 물과 불이 바로 부딪치는 형상이니 충동성과 역동성이 대단히 강하다고 볼 수 있다. 이런 사람은 자신이 뜻하는 바를 바로 행동에 옮겨야 직

성이 풀린다. 스스로도 표현하기를 "자신은 어떤 일이든 5분 이상 생각하지 않으며, 그사이에 방향을 정했으면 바로 돌진한다"라고 했다. 그런 만큼 업적도 뛰어나지만 그 과정에서 다른 사람과 부딪치는 면도 매우 많아서 언제나 잡음이 끊이지 않는다.

모난 돌이 정 맞는다고, 음양오행의 기운이 지나치게 강한 사람들은 그만큼 풍파도 많이 겪기 마련이다. 특히 운에서 자신을 충하는 오행이 들어오는 경우에는 그 여파가 상당하다. 따라서 자신에게 그처럼 강한 기운이 있는 경우에는 조금 더 섬세하게 스스로를 돌아볼 필요가 있다. 주역의 64괘를 살펴보면 대부분 좋고 나쁜 것이 반씩 섞여 있다. 처음부터 끝까지 좋다고 하는 괘는 겸허할 것을 주문하는 '겸괘(謙卦)' 하나뿐이다. 이는 겸허한 태도가 삶의 큰 무기가 된다는 것을 의미한다. 따라서 특히 리더라면 마음에 새겨야 할 덕목이라고 하겠다.

끝으로 조직 환경에 대한 이야기를 빼놓을 수 없다. 미국의 한 방송 프로그램 중에 각계각층의 CEO들을 초대해 그들의 가치관, 비전, 성공 비결을 알아보는 게 있었다. 꽤 오래전이지만 그 스펙트럼이 굉장히 다양하고 깊어서 매주 잊지 않고 보려고 노력했던 기억이 있다. 출연자 중에는 어느 항공사의 CEO가 있었다. 당시에 그는 실적이 너무 형편없었던(사람들 사이에 그 비행기에 타느니 차라리 그냥 죽겠다는 농담이 유행할 정도로) 항공사에 취임해 그곳을 가장 성공한 회사로 바꿔놓은 인물이었다. 사회자가 그러한 성공

비결을 묻자 그는 이렇게 말했다.

"가장 중요한 것은 직원들로 하여금 존중받고 사랑받고 있다고 느끼게 하는 것이다. 그리하여 자신이 조직에 꼭 필요한 존재라고 느낄 때 그들은 최고의 능력을 발휘한다. 나는 언제나 그들이 우리 회사에서 가장 중요한 존재임을 알리고, 그들에게 감사한다."

사회자는 이어서 그들의 마음을 어떻게 그리 잘 아는지 물었다. 그러자 그는 간단하게 대답했다.

"나도 오랫동안 그들과 같은 직원이었기 때문이다."

그의 대답은 상대방의 입장이 되어보는 것의 중요성을 의미했다. 그건 쉬운 일 같지만 결코 그렇지 않다. 그전에 먼저 인간에 대한 이해가 바탕이 된 의지와 용기, 그리고 인내심이 있어야 하기 때문이다. 더불어 그런 마음을 지닌 리더는 그 무엇보다도 자신의 조직원들이 성장해나가는 것에 가장 큰 관심을 기울이는 사람일 것이다.

물론 살아가면서 내 마음에 꼭 드는 사람을 만나기란 쉽지 않다. 조직원들을 상담해보면 대부분 마음에 드는 상사가 없다고 말하고 리더 역시 마찬가지다. 그럴 때마다 내가 리더들에게 들려주는 이야기가 있다. 어떤 점에서는 리더가 되는 것도 '운명'이라는 것이다. 명리학적으로 분석해보면 리더가 되는 사람들은 일단 사주팔자가 좋고 운이 좋다.

이 책에서 다루지는 않았으나 사주를 분석할 때 사주의 격을 보는 것 중에는 '귀인(貴人)'이라는 개념이 있다. 이 귀인의 오행이 많을수록 그 사람은 삶에서 복록(福祿)을 누리고 다른 사람들보다 출세도 더 빠르며, 같은 상황의 위기도 잘 넘긴다. 그동안 내가 만나본 리더 중에는 정말 사주팔자 여덟 글자가 모두 귀인인 사람도 있었다. 그러니 그들이 평범한 삶을 살아가는 사람들을 이해하기는 어려울 것이다. 그런 사람들은 일단 내가 가지고 있는 좋은 운을 주위에 나누어주자는 마음가짐을 가져야 한다. 더불어 상대의 입장에 대한 이해와 존중의 마음을 갖고자 최선을 다해 노력해야 한다.

앞서도 이야기했지만, 좋은 사주는 일간을 뜻하는 오행이 잘 자랄 수 있는 환경과 더불어 그 일간의 힘을 도와주는 오행이 있는 모습이다. 그러니 리더라면 조직원 한 사람 한 사람이 꽃을 피울 수 있는 환경, 즉 따뜻한 햇볕과 시원한 물, 뿌리를 내릴 수 있는 토양, 그리고 죽은 가지를 제거해주는 환경을 만들어가도록 노력해야 한다.

직장에서 어떻게
화이부동할 수 있을까?

나는 자주 기업체에서 의뢰를 받아 조직원들을 상담하는데 과연 조직이라는 구조가 인간에게 맞는 환경일까 하는 생각이 들 때가 더러 있다. 조직처럼 사람을 힘들게 만드는 관계가 또 어디 있을까 싶어서다. 사람마다 나이와 성별과 가치관이 다른 것은 당연한 일이지만 여기에 더해 심리적 성숙도도 정말 다르다. 심리적 성숙도는 나이나 직급과는 아무런 상관이 없다. 한 조직의 CEO가 심리적으로는 유연하지 못한 경우도 있고, 부하 직원이 상사에 비해 심리적으로는 성숙한 경우도 있기 때문이다. 그러니 상사의 심리적 성숙도가 높고 부하 직원의 심리적 성숙도가 낮으면 물이 위에서 아래로 흐르듯 관계를 참아 넘길 수 있는데, 반대의 경우가 되면 직원으로서는 견디기 힘든 상황이 발생할 수 있다. 게다가 심리적 성숙도는 일에서의 성과와도 관계가 없으니, 심리적 성숙도가 낮은 사람들이 더 승승장구하는 상황도 생겨난다. 실제로 이런 사람들이 일에서의 성공 외에는 그 어떤 것도 신경 쓰지 않고, 목표를 달성하기 위해 수단과 방법을 가리지 않아 당장은 성공하는 경우가 많은 것도 사실이다. 여기에 두 사람이 기질적으로 안 맞는 경우까지 더해지면 서로가 죽을 맛이다.

예를 들어 부하 직원은 사주에 식상이 많고 관이 없어서 자기가 하고 싶은 대로 자유분방하게 일을 추진하고 싶어 한다. 이 경우 그가 자기 사주에 맞는 직장에서 일을 할 수 있으면 좋겠지만 그런 일이 흔치 않은 게 문제다. 게다가 상사가 모든 것을 원리원칙대로 하는 사람(명리학적으로 정관이 많은 사람들이 그런 경우가 많다)이라면 서로가 상극이 되는 건 시간문제다. 앞서 설명한 것처럼 식상과 관은 서로 극하는 관계이니 당연한 현상이다. 예를 들어 일간이 수인 경우, 식상은 목이고 관은 토의 오행이다. 그러면 목은 토를 극하려고 하니 상사에게 대들고 싶어진다. 이때 상사로서는 감히 나를 누르는 것 같은 기를 지닌 부하 직원이 당연히 마음에 안 들 것이다. 그처럼 육친론의 관점에서 봐도 나와 안 맞는 사람들이 차고 넘치는 게 직장 생활이다. 거기에 서로 같은 오행이어도 안 맞는 경우가 허다하다.

예를 들어 서로 화합하고 협동해야 하는 조직에서 아래와 같은 사주를 지닌 두 직원이 만났다고 해보자.

A 직원의 사주

	시주	일주	월주	년주
일간과의 관계	비견		정인	정관
간	경금 (庚金)	경금 (庚金)	기토 (己土)	정화 (丁火)
지	진토 (辰土)	오화 (午火)	유금 (酉金)	묘목 (卯木)
일간과의 관계	편인	편관	겁재	정재

B 직원의 사주

	시주	일주	월주	년주
일간과의 관계			식신	편관
간		신금 (辛金)	계수 (癸水)	정화 (丁火)
지		미토 (未土)	축토 (丑土)	묘목 (卯木)
일간과의 관계		편인	편인	편재

* B 직원의 경우 시간에 대한 정보가 없지만 대강의 분석은 가능하다.

A는 일단 식상이 없다. 일간은 강건한 경금(庚金)이다. 그런데 그런 경금(庚金)이 2개나 있고 인수도 2개나 있어서 자긍심과 자기 생각과 가치관이 매우 강하다. 그에 반해 자신의 생각을 표현하는 역량은 부족하다. 그러니 민감함을 상징하는 B의 입장에서는 A가 답답할 수밖에 없다. 반대로 A의 입장에서는 B가 왜 그렇게 예민하게 행동하는지 이해할 수 없다. B의 일간인 신금(辛金)은 예리한 칼날과 보석을 상징한다. 그러니 민감한 성향을 가진 B의 입장에서는 마치 바위와 같은 A를 견딜 수 없는 것이다. 보기만 해도 숨이 막힌다.

그렇다면 이처럼 다양한 사람들과 함께 직장 생활을 어떻게 해나가는 것이 현명할까? 가장 좋은 방법은 그 사람의 상태를 일단 받아들이는 것이다. 우리가 스트레스를 받는 이유는 상대를 있는 그대로 수용하지 못하고, 내 마음에 들게 상대를 바꿔주고 싶은 마음 때문이다. 거기에서 갈등이 생겨난다. 갈등을 물리학적으로 표현하면 작용과 반작용 사이의 마찰이라고 할 수 있다. 그런데 내가 신금(辛金)으로 민감하게 타고난 것처럼 상대도 경금(庚金)으로 완고하고 고집스럽게 타고났는데 어쩌란 말인가. 일단 그렇게 상대를 받아들이고 나서 서로의 부족한 부분을 보완하는 자세가 필요하다. 앞서 이야기한 것처럼 좋은 사주란 오행이 골고루 갖추어진 사주를 말한다. 그렇게 나와 상대가 서로의 역량을 보완하고 갖추어나간다고 생각할 때 사회생활이 더 편안해질 것이다.

한번은 내게 이런 고민을 털어놓은 사람도 있었다. 자신과 같이 일하는 직원 중에 책임감도 강하고 주어진 일도 똑 부러지게 잘하고 마음씨도 선한데, 단 하나 고집이 세고 지적을 해주면 고치겠다고 대답은 잘하면서 이후에도 똑같은 실수를 몇 년째 반복하는 사람이 있다는 것이다. 나는 일단 그 직원을 만나보기로 했다. 상사의 말처럼 선하고 책임감도 있고 능력도 있어 보였다. 그는 자신이 고집이 세기보다는 세심함이 부족하고 덜렁거리는 면이 있는 것 같다고 말했다. 일단 심리검사를 시행하고 그 결과와 명리학적 분석 결과를 종합해 그 이유를 다음과 같이 설명해 주었다.

먼저 심리검사에서는 스스로 삶의 목표의식을 갖고 자신이 하고 싶은 일을 선택하며 그 책임을 다하는 성향인 '자율성'과 다른 사람과 더불어 살아가는 역량인 '연대감'이 모두 다 낮아 삶에서 쉽게 지치고 우울해지기 쉬운 성향을 보였다. 기질적으로는 새로운 것에 대해 호기심을 갖고 적극적으로 나아가려는 성향과 정반대로 자신에게 익숙한 것을 선호하는 성향이 비슷해서 매사에 결정을 내리기 어려운 면도 갖추고 있었다. 또한 다른 사람의 평가에 매우 민감해 다른 사람이 자신을 어떻게 대하는지에 따라 감정 기복도 심한 편이었다. 한편으로는 인간관계에서 자신의 뜻대로 상대를 조종하려는 면이 높아 불필요하게 상대의 일에 관여하면서, 때로는 피로감을 줄 수 있는 상황도 관찰되었다. 즉, 그의 심리적 에너지는 상대가 자신을 어떻게 생각하는지에 몰려 있었고 삶의 목적의식도 불분명해서 무엇을 달성해야 하는지, 어디로 나아가야 하는지 방황하는 상태였다.

	시주	일주	월주	년주
일간과의 관계	겁재		편재	정재
간	임수 (壬水)	계수 (癸水)	정화 (丁火)	병화 (丙火)
지	자수 (子水)	유금 (酉金)	유금 (酉金)	진토 (辰土)
일간과의 관계	겁재	편인	편인	정관

명리학적으로 그의 사주는 화의 오행이 2개, 수의 오행이 3개, 금의 오행이 2개, 토의 오행이 1개로 구성되어 있으며 목의 오행이 드러나지 않고 있다. 이 사주의 경우 목의 오행은 자신이 갖고 있는 능력을 발휘해 스스로 원하는 목표를 달성하고자 하는 역량, 즉 식상을 상징한다. 그런데 그러한 오행이 드러나지 않아 계속 샘물이 흘러나오지만 그 흘러가는 방향이 불분명하다. 물이 자기 역할을 하려면 그 기가 수생목(水生木)으로 흘러야 한다. 즉, 나무에 물을 주어 그 나무가 꽃을 피우게 해야 하는 것이다. 그런데 그냥 흘러만 가니 세심하게 주위를 돌아보지 않고 오로지 앞으로만

가는 형상인 셈이다.

그를 상징하는 오행을 자연현상에 비유하면 '가을날의 샘물'이다. 일간인 계수(癸水)는 물의 정기(精氣)에 해당하는데 수와 금의 오행이 많은 사람들은 가볍고 맑은 성향을 보인다. 약삭빠르거나 권모술수를 쓰는 경우가 거의 없다. 다만 일간이 강하고 식상이 드러나지 않아 자기 생각에 잘 갇히고 외부에서 들어오는 정보를 입력하기가 쉽지 않다. 게다가 년주에 하나 있는 토의 오행마저 월주의 오행과 합쳐져서 이차적으로 금의 오행으로 변하고 있다. 그러니 얼핏 보면 흐르는 물을 막아주는 토의 오행이 있는 것 같지만, 그 토의 오행이 오히려 바위로 변해 계속 물을 만들어내는 형상이다. 그러니 스스로도 자신의 역량에 자신감을 갖기가 어렵다.

또한 시주에 해당하는 임자(壬子)는 고집 세기로 유명한 사람들에게서 흔히 보이는 오행이다. 우리가 흔히 나와 대적할 만한 상대를 만났을 때 '임자 만났다'고 하는데, 이 말이 바로 거기서 연유했다. 그 이유가 임수(壬水)는 큰 바다를 상징하고 자수(子水)도 큰 바다를 상징하니 바다와 바다가 만나 마치 태평양을 형성하고 있는 형상이기 때문이다. 다른 사람과 비교하고 상대를 조종하려는 성향은 겁재와 연관된 특성에서 비롯된다.

다행히 화의 오행이 2개 있어서 강한 금의 오행을 극하고 수의 오행은 증발시키고자 하지만, 그 정도의 기운으로는 수와 금의 오행을 당해내기가 어렵다. 그리고 물은 그 속성상 변화가 무쌍하

다. 그중에서도 고무적인 점은 '가을날의 샘물'이라는 특성으로
인해 맑고 선한 심성을 지녀서 그러한 단점을 보완하고 있다는
점이다.

　나는 그에게 기는 자신이 채울 수 있는 것이므로 부족한 목의
기운을 보완하기 위해서는 세심하게 돌다리도 두들겨보며 길을
건너는 연습을 해볼 것을 조언했다. 그 역시 그 부분에서 노력해
보겠다고 했다. 그 직원에게 동의를 얻은 후 상사에게 간단히 검
사 결과를 말해주었다. 상대방이 흘러가는 물이니 스스로 멈추기
전에는 잔소리를 해도 별로 도움이 되지 않을 것이다, 그러니 마
음을 내려놓으라고 말이다. 즉, 그 직원이 그러고 싶어서 고집을
부리는 게 아니라 오행의 흐름이 그러하니 자신도 어쩔 수 없는
부분이 있을 것이라고 이야기했다. 다행히 상사는 내 말을 이해했
고 두 사람의 사이가 예전보다 좋아졌다는 후일담을 전해왔다.

성공한 사람들은
어떤 사주를 타고났을까?

인격적으로 성숙하고 사회적으로도 성공한 사람들에게는 대체로
공통된 특성이 있다. 먼저 인격적 성숙에 대해서는 미국의 정신의
학자 칼 메닝거가 매우 적절한 정의를 내리고 있다. 정신의학에서
말하는 인격적 성숙에 대해 살펴보면 다음과 같다.

1. 현실을 건설적으로 다루어나갈 수 있는 능력
2. 변화에 적응할 수 있는 능력
3. 긴장과 불안으로부터 비롯된 증상을 완화하는 능력
4. 받는 것보다 주는 것에 더 만족하는 능력

5. 지속적으로 도움을 주고받는 인간관계를 맺는 능력

6. 본능적인 공격성을 창조적이고 건설적으로 승화하는 능력

7. 사랑할 수 있는 능력

그렇다면 명리학은 이를 어떻게 설명할까? 내 임상 경험에 의하면 성공적인 삶을 살아가는 사람들의 명리학적 특성은 다음과 같다.

1. 거의 대부분의 오행을 골고루 갖추고 있다(오행의 균형과 조화).

2. 오행의 기가 성장하고 발전하는 쪽으로 흐른다.

3. 불필요한 충이나 합이 적다.

4. 재와 관과 일간이 튼튼하고 도와주는 오행이 있다.

5. 일간을 도와주는 용신의 기운이 적절하게 강하다.

6. 음과 양의 기운이 적절하게 균형을 이루고 있다.

7. 때를 잘 만났다(운의 흐름이 좋다).

이 두 가지 학문의 분석을 기억하고 다음의 사례들을 살펴보자. 이들은 모두 정신의학에서 말하는 인격적 성숙도가 높은 사람들이다. 더불어 명리학에서 말하는 성공하는 사주를 타고난 사람들이기도 하다.

책임감이 강하고 뛰어난 두뇌의 소유자 A씨

① 자신을 상징하는 오행의 특성

	시주	일주	월주	년주
일간과의 관계	정인		정재	비견
간	경금 (庚金)	계수 (癸水)	병화 (丙火)	계수 (癸水)
지	신금 (申金)	사화 (巳火)	진토 (辰土)	묘목 (卯木)
일간과의 관계	정인	편재	정관	식신

A씨는 일단 음의 오행이 4개, 양의 오행이 4개로 외향 성향과 내향 성향이 균형을 맞추고 있다. 정신의학적 분석으로도 적절하게 자신을 통찰하는 역량과 자신에게 주어진 일을 적극적으로 해내는 능력을 갖고 있다. 또한 수의 오행이 2개, 화의 오행이 2개, 목의 오행이 1개, 금의 오행이 2개, 토의 오행이 1개로 수, 화, 목, 금, 토의 오행을 골고루 갖추고 있다. 따라서 평생 남의 도움 없이도 잘 살아갈 수 있는 기본 역량을 지닌 셈이다.

일간은 '음의 수'인 계수(癸水)다. 이 오행은 자연현상으로 비유하면 '물의 정기', '샘물' 등을 상징한다. A씨는 때를 잘 만났다고 할 수 있다. 즉, 봄날의 샘물은 그 물이 가장 맑을 때인 데다가 진월(辰月, 음력 3월)은 생명력이 가득 찬 계절이기 때문이다. 그 시기의 맑은 샘물은 만물이 자라는 데에 꼭 필요한 요소다. 여기에 햇빛을 상징하는 '양의 화' 오행과 따뜻한 열을 상징하는 '음의 화' 오행도 함께 갖추고 있다. 다시 말해 만물이 자라나는 데 꼭 필요한 물, 햇빛, 열, 옥토 등이 두루 마련된 구조다. 자기 뜻을 마음껏 펼칠 수 있는 오행학적 구조를 기본적으로 갖추고 있다는 의미다.

게다가 수의 근원인 금의 오행이 2개나 된다. 특히 순발력과 창의력을 상징하는 신금(申金)을 갖고 있어서 남들이 생각하지 못하는 아이디어가 마치 바위에서 물이 샘솟듯 솟아나는 뛰어난 두뇌의 소유자다. 그러면서도 지나친 행동을 하지 않고 자신을 절제하는 역량까지 우수하다. 샘물이 다른 곳으로 흐르지 않고 한곳에 잘 고여서 자기 역할을 할 수 있도록 조절해주는 토의 오행이 있기 때문이다.

② 성격 및 기질 특성

A씨는 적응력이 뛰어나 늘 새로운 변화를 만들어내려고 노력한다. 강한 지구력과 인내심을 바탕으로 치밀한 자기 관리 능력을 보인다. 주관이 뚜렷해 불필요한 간섭을 좋아하지 않으며 명분 없는 타협 역시 싫어한다. 기본적으로 정직성과 도덕적 가치를 중시

하기 때문이다. 무슨 일을 맡아서 하든 책임감 있는 수행 능력을 발휘해 일을 성공으로 이끄는 타입이다. 경쟁적인 성향도 강한 측면이 있다. 특히 자신이 주도권을 갖고 매사를 좌우하고 싶어 하는 측면이 있다. 하지만 늘 자신을 절제하므로 그런 면모를 지나치게 드러내지는 않는다.

③ 인간관계

기본적으로 인간과 삶에 대해 이해와 수용의 마음을 갖고 있으며 우호적인 인맥 형성을 기꺼워한다. 윈윈 관계를 중요하게 생각하고 갈등보다는 화합을 추구하려고 노력한다.

오행의 특성으로 보면 형제, 동료, 선배의 운이 좋은 구조다. 자신을 상징하는 계수(癸水)와 같은 계수(癸水)가 년간(年干)에 있지만, 바로 옆에 있는 식신인 묘목(卯木)을 생해주므로 경쟁자가 아닌 조력자의 역할을 하기 때문이다. 또한 재물운과 배우자운을 뜻하는 화의 오행 2개가 계수(癸水) 바로 옆에서 샘물을 따뜻하게 데워주고 있는 형상이다. 이처럼 배우자를 상징하는 오행이 바로 자기 곁에 있다는 것은 배우자가 자신과 동등한 입장에서 도움을 주고 있다는 것을 의미한다. 배우자운이 좋기도 하지만 스스로도 아내를 사랑하는 애처가다. 배우자를 뜻하는 사화(巳火)의 오행이 일간 바로 옆에 자리하고 있어서 자신이 위치해야 할 자리에 있으니 좋은 사주이고, 그 사화(巳火)의 오행이 스스로에게도 도움을 주는 구조이니 마음이 가게 되어 있는 것이다. 또한 앞서 말한 대로 계수(癸水)의 주인공에게 사화(巳火)는 귀인의 글자이니 더 더욱 마음이 가게 되어 있다. 즉, 재성이 바로 사회운을 뜻하는 관성을 생해주는 구조라서 재물과 배우자가 A씨의 사회 활동을 훌륭하게 도와주는 역할을 하고 있다. 실제로도 그러하다.

④ 전반적인 삶의 흐름

이 사주에서 토의 오행은 사회적 활동운, 즉 관운(官運)을 상징하고 목의 오행은 자기 능력을 발휘하는 역량을, 금의 오행은 자비심과 인내심과 학문과 생명력의 역량을 상징한다. 화의 오행은 그러한 노력으로 얻어지는 재물이나 경제적 결과물을, 수의 오행은 자긍심을 나타낸다. 그러한 오행들이 이 사주의 주인공 A씨를 상징하는 오행 곁에 매우 적절하게 자리 잡고 있다. 따라서 무엇을 목표로 하든지 그것을 이룰 수 있도록 도와준다고 해석할 수 있다. 이처럼 오행의 균형과 조화가 잘 갖추어진 사람은 사회적으로 어려운 일을 경험해도 잘 대처해나갈 수 있다. 더불어 자신의 자긍심과 노력의 대가가 명예와 사회적인 역할로도 이어지는 대단히 좋은 운의 흐름을 지니고 있다. 실제로 이 사주의 주인공은 국내 대기업의 최고경영자로서 그 기업이 성장하는 데 커다란 역할을 하고 있다.

[사례2]

총명함과 사회성이 뛰어난 아이디어맨 B씨

① 자신을 상징하는 오행의 특성

	시주	일주	월주	년주
일간과의 관계	정인		편재	식신
간	을목 (乙木)	병화 (丙火)	경금 (庚金)	무토 (戊土)
지	미토 (未土)	자수 (子水)	신금 (申金)	신금 (申金)
일간과의 관계	상관	편관	편재	편재

　B씨는 음양으로 보면 '2음 6양'으로 외향적인 성향이 더 강하게 드러난다. 앞선 사례와 같이 수, 화, 목, 금, 토의 오행이 골고루 존재하며 균형과 조화를 이루고 있다. 일간은 '양의 화'인 병화(丙火)다. 이 오행을 자연현상에 비유하면 태양, 즉 큰불을 상징하며 B씨는 '햇빛에 의해 다이아몬드가 빛나는 모습'에 비유할 수 있다. 월지는 '양의 금'인 신금(申金)이다. B씨에게 이 오행은 자기 노력의 결실, 뛰어난 창의성과 아이디어 등을 상징한다. 그러한 신금(申金)의 오행이 2개나 있어서 대단히 명석한 두뇌의 소유자라고 할 수 있다. 더불어 이는 관운을 상징하는 수의 오행의 뿌리

가 되어 사회생활을 굳건히 받쳐주는 구조로 되어 있다.

사주에 자신을 상징하는 오행이 하나만 존재해서 매우 귀하다. 화의 오행의 뿌리가 되는 목의 오행도 튼튼해서 생명력이 강하고 주위의 도움을 받는 구조다. B씨에게 목의 오행은 생명력과 자비심과 수용의 마음과 학문의 힘을 상징한다. 수의 오행은 스스로를 통제하는 능력과 조직운을 의미하고, 금의 오행은 자기 노력의 결실과 뛰어난 창의성을 나타낸다. 또한 부지런함과 감각적인 능력, 사회적인 역량을 상징하는 토의 오행이 2개나 있어서 그 구조 역시 좋다. 자신의 아이디어로 돈을 벌고, 그러한 아이디어가 사회운을 창출하는 식으로 재성과 관성이 튼튼하다. 더불어 인수의 힘을 받고 있어서 인내심과 학문적 역량도 우수하다.

② 성격 및 기질 특성

밝고 명랑하며 생각이 유연하고 합리적인 타입이다. 현실에 적응하는 능력도 뛰어나다. 대단히 명석한 두뇌와 반짝이는 창의성의 소유자로 머리 회전이 매우 빠르고 언제나 새로운 변화를 추구하며 진취적이다. 특히 독창성이 뛰어나서 다른 사람들이 생각하지 못하는 아이디어를 생각해내는 능력이 탁월하며 임기응변에도 능하다.

타고난 낙천주의자이면서 학문과 책임감, 의협심을 인생의 우선순위로 생각한다. 삶의 위기 앞에서 다시 일어서는 생명력이 대단히 강하므로 자신에게 불리한 상황도 잘 타개해나간다. 결과보다는 과정을 즐기고, 작은 것보다는 큰 것을 취하려고 하며, 인생을 즐기려는 자유의 기질도 갖고 있다. 사물의 가치 환산에도 능하다.

③ 인간관계

처세술이 우수하지만 아부와 간섭은 좋아하지 않는다. 인간관계에서는 묵묵히 솔선수범하는 타입으로 보수적인 면도 있으며 사회 속에서 공공적인 일로 자신을 승화시키려는 욕구도 강하다. 의지력이 강해서 남의 도움을 받는 것을 싫어하며 한번 대접을 받으면 꼭 갚아야 마음이 편해지는 스타일이기도 하다.

④ 전반적인 삶의 흐름

오행학적 구조상 자신의 아이디어로 사회적인 운이 강해지는 삶의 흐름을 갖고 있다. 일간인 화의 오행이 상징하는 햇볕은 가을날 추수를 앞둔 때 가장 필요하다. 추수를 앞둔 계절에는 반드시 햇볕이 따사로워야 곡식이 잘 익기 때문이다. 따라서 그 역시 시기를 잘 타고났다고 볼 수 있다. 또한 자신의 노력이 곧바로 재물이라는 결실을 가져오고, 그러한 재물의 결실이 자신의 관운과 명예를 드높이는 구조다.

실제로 이 사람은 개발하는 것마다 재물을 창출하는 아이디어

를 백분 발휘해서 회사에 큰 이익을 안겨주고 사회적으로도 승승
장구하고 있다.

[사례3]

강력한 판단력과 결단력의 소유자 C씨

① 자신을 상징하는 오행의 특성

	시주	일주	월주	년주
일간과의 관계	정인		식신	편관
간	을목 (乙木)	병화 (丙火)	무토 (戊土)	임수 (壬水)
지	미토 (未土)	신금 (申金)	신금 (申金)	인목 (寅木)
일간과의 관계	상관	편재	편재	편인

C씨는 음양으로 보면 '2음 6양'으로 외향적인 성향이 더 강하
다. 더불어 수, 화, 목, 금, 토의 오행 또한 고루 갖추고 있다. 일간
은 화의 오행인 병화(丙火)다. B씨처럼 그것이 딱 하나 존재해 귀
하고 그 귀함을 받쳐주는 인수인 목의 오행이 2개다. 따라서 재물
을 능히 컨트롤하는 역량도 지니고 있다. 월지는 '양의 금'인 신

금(申金)이다. 재성이면서 아이디어와 창의성을 상징하는 신금(申金)이 2개 있고, 재물을 만들어내는 식상인 토가 2개 있어서 부지런하고 감각적이며 자기 노력이 곧바로 재물로 이어지는 운이다.

또한 이 사주에서는 목과 금의 오행이 바로 충돌하고 있는데, 이 경우 아름드리나무를 톱질하는 형상으로 자신이 갖고 있는 학문의 역량을 사용하는 구조다. 아름드리나무는 장작이 되어야지만 우리 삶에 필요한 존재가 되기 때문이다. 따라서 늘 깨어 있는 총명함, 즉 마치 번개와 같은 두뇌를 가지고 있다고 볼 수 있다. 한편 화의 오행의 뿌리가 되는 목의 오행이 2개 있어서 생명력이 강하고 주위의 도움을 받는 구조다. C씨에게 목의 오행은 생명력과 자비심과 수용의 마음과 학문의 힘을 상징한다. 수의 오행은 스스로를 통제하는 능력과 조직운을 의미하고, 금의 오행은 자기 노력의 결실과 뛰어난 창의성을 상징한다. 토의 오행은 자기 꿈을 이루기 위해 부단히 노력하는 면과 감각적인 능력을 나타낸다.

② 성격 및 기질 특성

정직하고 자긍심이 강하다. 밝고 명랑하며 늘 변화를 추구하는 타입이다. 내면적인 사고와 사색이 깊어서 종교나 문화에 심취하는 이상주의적인 면모도 있다. 뛰어난 독창성이 있어서 상상력도 풍부하며 지속적으로 자신을 계발하려는 욕구가 강하고 학문이나 공부에 정진하려는 마음도 크다. 한편 오행 간의 충돌로 인해 불끈 화를 내는 면도 있다. 강력한 판단력과 결단력을 갖고 있으나 때로는 두 마음 사이의 갈등으로 인해 불안을 겪기도 한다. 다행히 나이가 들어갈수록 편안해지는 구조다.

③ 인간관계

인간관계나 사회생활에서 때로는 자신의 욕망을 추구하려는 마음과 근본을 추구하려는 마음 사이에서 갈등을 경험하기도 하나, 대체로 인정이 많고 예의 바르며 온화하게 사회생활을 이끌어가고자 한다.

삶과 인간에 대해 근본적으로 수용의 마음을 지니고 있다. 독립적인 면모도 강하고 권위와 명분을 중요하게 생각하며 자신이 리더로서 조직을 이끌고자 하는 마음도 크다. 한편으로는 다소 급하고 가끔은 욱하는 면이 있어 자제하려는 노력이 필요하다.

④ 전반적인 삶의 흐름

스스로 추구하는 거의 모든 것이 풍성한 결실로 맺어지는 삶의 흐름을 지니고 있어서 자신이 속한 조직이나 사회에 공헌하는 바가 크다고 하겠다. 또한 재주가 다양하며, 맡은 일을 솔선수범하여 완벽하게 완수하는 특성을 갖고 있다. 문예나 학문에도 조예가 깊고 그러한 쪽으로 능력도 뛰어나다.

실제로 이 사주의 주인공은 남들보다 젊은 나이에 대기업의 고위 임원이 되었고 대단히 왕성한 활동을 하고 있다. 다른 사람보다 출세운이 빠르고 평생을 바쁘게 활동하면서 지낼 사주이기도 하다. 아름다운 아내를 맞이할 운인데 놀랍게도 실제로도 그러하다.

무병장수하는 사주는
따로 있을까?

에피소드 ④의 프로이트와 융의 사주를 보면 두 사람 모두 80대를 넘어서까지 오래 산 사람들이다. 그럴 수 있었던 이유는 일단 일간이 강하기 때문이다. 프로이트는 일간의 뿌리가 되는 인수도 튼튼하고 식상이 강해 기의 흐름도 원활하다. 융은 얼핏 보면 토의 오행이 많아 그 기가 흐르지 않는 것처럼 보이지만 숨어 있는 천간의 힘으로 여름 땅에는 화의 오행이, 겨울 땅에는 수의 오행이, 가을 땅에는 화의 오행과 더불어 식상에 해당하는 금이 들어 있어 자신의 삶에 꼭 필요한 것들을 다 갖추고 있다.

이처럼 수명이 길고 건강한 사주들은 재물과 마찬가지로 일간이 가장 먼저 강하고 튼튼하다. 그러기 위해서는 두 번째로 특히 인수가 좋아야 하며 세 번째로는 생년월일시로 흘러가는 기의 흐름이 원활해야 한다. 어딘가에서 그 기의 흐름이 막히면 병에 걸리거나 해서 문제가 생길 수 있다. 융의 사주는 얼핏 보면 토의 오행이 많아 기의 흐름이 막힌 것 같지만 오묘하게 그 토의 오행에는 자신에게 필요한 오행이 골고루 들어 있어 기의 흐름이 원활하다. 그래서 명리학에서는 사주팔자에 어떤 오행이 없다고 해서 '없다'고 하지 않고 '드러나지 않는다'는 표현을 쓴다. 융처럼 드러나지는 않으나 숨어 있는 경우가 많기 때문이다. 네 번째는 운의 흐름이 좋아야 한다. 자신에게 필요한 오행이 너무 뒤늦게 들어오면 아무리 사주팔자 안에 일간에 도움이 되는 오행을 갖고 있어도 빛을 못 본다.

병으로 단명하거나 고생한 사람들의 사주를 보면 역으로 건강한 사주가 어떤 사주인지를 알 수 있다. 그 예를 하나씩 살펴보겠다.

[사례1]

운의 흐름이 좋지 않은 사주

다음은 '가을날의 옥토'에 해당하는 사주다. 추수를 앞두고 있는

	시주	일주	월주	년주
일간과의 관계	정인		정재	정관
간	병화 (丙火)	기토 (己土)	임수 (壬水)	갑목 (甲木)
지	인목 (寅木)	유금 (酉金)	신금 (申金)	신금 (申金)
일간과의 관계	정관	식신	상관	상관

땅이니 얼마나 풍성한가. 그리고 아이디어, 창의력을 상징하는 신금(申金)의 오행이 2개나 있어 대단히 명석하다. 식상에 해당하는 금의 오행이 3개로 표현력과 예술적인 능력도 우수하다. 그런데 일간의 힘이 너무 약하다. 인수에 해당하는 화의 오행과 그 화의 오행의 근원이 되는 목의 오행이 시주에 들어 있어 중년을 잘 넘기면 말년에는 건강을 되찾을 수 있을 것 같은데, 운의 흐름이 금→수→목으로 흘러서 이 사람에게 도움이 되는 화의 오행이 들어오지 않는다. 세운(歲運, 해마다의 운세)에서 화의 오행이나 토의 오행이 들어오는 해에는 반짝 건강이 좋아졌지만, 대운(大運, 10년마다 돌아오는 운세)이 안 좋아 투병하다가 비교적 이른 나이에 유명을 달리하였다. 시주에 좋은 오행이 들어 있는 경우 운이 따라주어야만 그 좋은 오행을 누릴 수 있다는 것을 보여주는 예다.

생년월일시로 흘러가는
기의 흐름이 좋지 않은 사주

일간과의 관계	시주	일주	월주	년주
	편재		편재	식신
간	갑목 (甲木)	경금 (庚金)	갑목 (甲木)	임수 (壬水)
지	신금 (申金)	인목 (寅木)	진토 (辰土)	진토 (辰土)
일간과의 관계	비견	편재	편인	편인

수의 오행이 1개, 목의 오행이 3개, 금의 오행이 2개, 토의 오행이 2개로 일간인 경금(庚金)의 기가 강한 사주다. 그러나 모양으로 보면 '세 그루의 큰 아름드리나무가 바위에까지 뿌리를 내린' 형상이다. 따라서 바위는 온전한 모양을 하고 있다고 볼 수 없다. 그리고 갑목(甲木)과 경금(庚金)이 서로 충돌하고 있어서 나무가 늘 바위를 흔들어놓는 형상이다. 얼핏 보면 일간인 금의 오행이 강한 것 같지만 모든 형세가 목의 오행으로 흐르고 있어 그 기가 잘 통하지 않는다는 뜻이다. 오랜 투병 생활 끝에 유명을 달리했다.

일간이 약하고
인수가 좋지 않은 사주

	시주	일주	월주	년주
일간과의 관계	식신		상관	정재
간	을목 (乙木)	계수 (癸水)	갑목 (甲木)	병화 (丙火)
지	묘목 (卯木)	유금 (酉金)	오화 (午火)	인목 (寅木)
일간과의 관계	식신	편인	정재	상관

일간인 계수(癸水)의 힘이 약하다. 물론 일지인 유금(酉金)에서 금
생수로 일간이 힘을 받고 있지만, 그 유금(酉金)이 시지에 있는 묘
목(卯木)과 서로 충돌하고 있어 흔들리는 바위의 형상이니, 샘물
의 근원이 되기가 힘들다. 게다가 '한여름날의 샘물'이라 바로 증
발하는 구조인데, 식상에 해당하는 목이 4개나 되어 한 방울의 물
로 네 개의 나무에 물을 대주는 형태다. 식상이 많아 재주가 비상
하고 머리가 좋지만 건강 악화로 오랜 투병 생활을 한 후 유명을
달리했다.

이처럼 따라 일간이 약하거나 기의 흐름이 원활치 않을 때, 또는 운의 흐름이 나쁜 경우라면 신체와 정신 건강에 더 유의할 필요가 있다. 첫 번째 사람은 사업에 너무 많은 기를 쏟았고, 두 번째 사람은 명예를 추구하느라 적절하게 거절을 못 하고 에너지를 낭비하다가(관에 해당하는 화의 오행이 드러나지 않아 더 그것을 추구한 것 같다) 건강을 잃었다. 세 번째 사람은 너무 자기 두뇌만 믿고 이일 저일 하느라 바쁘게 살았다.

결국 우리의 몸은 기로 이루어져 있으니 그 기를 보강하는 것이 중요하다. 어릴 때 몸이 약했지만 꾸준히 노력해서 건강해진 사람들 또한 수없이 많다는 게 그것을 보여준다.

4장

내 앞에 놓인
삶이 궁금한
사람들에게

"살아가면서 감당하기 힘든
좌절의 순간이 닥쳤을 때
'그럼에도 불구하고'
다시 일어서고자 노력하는 것만큼
중요한 일은 없다."

마침내 운명의
새옹지마를 깨닫다

상담을 하는 중에 꿈이 무엇이냐고 물어보면 대부분의 사람이 행복하게 사는 것이라고 말한다. 이때 행복의 기준이 무엇이냐고 물어보면 무조건 돈을 많이 버는 것이라는 대답이 돌아오는 경우가 적지 않다. 나는 그들에게 당신이 그 정도의 돈을 다스릴 수 있는지 아닌지부터 살펴봐야 한다고 조언해주는데 다들 잘 받아들이지 못한다. 키가 큰 사람이 있는가 하면 작은 사람도 있듯이 자기가 취할 수 있는 돈의 크기도 사람마다 다르기 때문이다.

우리나라의 명리학 대가들 중에도 지금 살고 있는 곳의 부동산 가격이 앞으로 엄청나게 오를 테니 꼭 사두라는 주위 사람의 권유에 "나에게는 그만큼의 재물운이 없다"라고 거절하며 고고하게 삶을 살다 간 학자가 있는가 하면, 말년에 재물을 탐하다가 비참하게 세상을 떠난 사람도 있다고 들었다. 그런가 하면 "자신의 사주에서 가장 강한 것으로 망하고 부족한 것으로 무너진다"라는 말이 있다. 나는 이 말에서 인생사가 결국에는 새옹지마임을 깨닫는다.

한때 권력의 정점에 있던 사람이 한순간에 추락하거나 반대로 바닥까지 내려갔던 사람이 하루아침에 화려하게 복귀해 엄청난 힘을 휘두르기도 하는 모습을 종종 본다. 이런 일은 보통 사람들의 삶에서도 일어난다. 오늘 모든 걸 다 잃고 죽을 것 같다가도 알 수 없는 운명의 힘에 의해 잃어버린 것을 다 보상받는 인생도 있고 당연히 그 반대의 경우도 있다. 정말이지 인생살이가 새옹지마인 것이다. 솔로몬 역시 전도서에 이렇게 기록하지 않았던가. "씨를 뿌릴 때가 있으면 거둘 때가 있고, 슬플 때가 있으면 기쁠 때도 있다."

이것이 바로 명리학에서 말하는 운이다. 앞에서도 언급했듯이 운은 늘 변화하는 자연의 이치에 따라, 말 그대로 돌고 돈다. 그래서 자신과 맞는 운에는 일이 잘 풀리고 자신과 맞지 않는 운에는 좋지 않은 일을 당하는 것이다. 그것을 두고 우리는 '운수가 사납다'라고 표현한다. 명리학에서는 그러한 운의 흐름을 대운(大運)과 세운(世運)으로 본다. 대운은 10년을 기준으로 한다. 그런데 대개 같은 오행의 흐름이 30년간 지속된다. 따라서 큰 운의 흐름은 30년에 한 번씩 바뀐다고 생각하면 된다. 우리의 삶을 100년으로 볼 때 대략 세 번의 큰 변화가 찾아오는 셈이다. 한편 세운은 매년 바뀌는 운의 흐름을 보는 것이다. 이때 대운과 세운이 모두 좋으면 성공하고 둘 다 좋지 않으면 나쁜 일이 일어날 가능성이 높다고 본다.

물론 평범한 삶을 살아가는 대부분의 사람은 살면서 좋은 날을 경험하기도 하고 나쁜 날을 경험하기도 한다. 그런데 많은 사람이 좋은 날에는 좋은 일만 이어질 것으로 생각해 자만에 빠지는 실수를 저지르곤 한다. 반대로 나쁜 날에는 계속 나쁜 일만 생길 것으로 생각해 절망한다. 이때 명리학을 공부하다 보면 대체로 좋은 일과 나쁜 일이 늘 번갈아 일어난다는 점을 깨달을 수 있다.

이러한 운의 흐름 중에 흥미로운 현상이 하나 있는데 바로 지장간(地藏干)과 연관되어 일어날 때다. 지장간이란 지지(地支)에 포함되어 있는 하늘의 기운을 뜻한다. 즉, 땅이 하늘의 기운을 품고 있다는 이론이다. 지장간을 이해하기 위해서는 복사열을 생각해보면 좋다. 여름에 해가 지고 나서도 땅은 한참 동안 뜨겁다. 해는 지고 없지만 땅은 하루 종일 태양으로부터 받은 열과 빛을 가둬두었기 때문이다. 하루만 그런 것이 아니라 달(月) 역시 그러하다. 달이 바뀐다고 해서 바로 에너지의 흐름이 바뀌는 것은 아니다. 그러한 미묘한 에너지의 흐름을 기록한 것이 지장간이다. 사주팔자에서 드러나 보이지 않으면서 지지에 숨어 있는 오행이라고 생각하면 된다.

그중에서도 특히 토의 오행에 들어 있는 지장간들이 그러하다. 앞서 을의 사주도 얼핏 보기에는 목과 토의 오행만으로 이루어진 듯 했지만 여름 토에는 화의 오행이, 겨울 토에는 수의 오행이, 가을 토에는 화와 금의 오행이 들어 있어 심층적으로는 수, 화, 목, 금, 토의 오행을 다 지녔다고 설명한 것과 같은 이치다.

또한 지지에서 토의 오행은 환절기에 해당한다고 했는데, 환절기에는 날씨 변화가 심한 것처럼 지지 중에서도 가장 흥미로운 현상을 보이는 것이 바로 토의 오행에 들어 있는 지장간이다. 마치 지진이 나면 땅속에 묻혀 있는 것들이 밖으로 쏟아져 나오는 것처럼 운과 지장간의 상호작용에 의해 지금 내가 겪고 있는 운명이 좋아질 수도 혹은 나빠질 수도 있다.

물론 이 세상에 부귀영화를 꿈꾸지 않는 사람은 없다. 그렇게 할 수만 있다면 워런 버핏이나 빌 게이츠처럼 살아보고 싶지 않은 사람이 어디 있겠는가. 그 정도까지는 아니더라도 누구나 좋은 집, 좋은 환경을 누리고 좋은 부모 밑에서 태어나 승승장구하고 싶어 한다. 하지만 그것을 누릴 수 있는 사람은 한정되어 있다. 그리고 현재 부귀영화를 누린다고 해서 그 사람의 인생 전체가 다 좋기만 한 것은 아니라는 걸 우리는 잘 알고 있다. 살다 보면 새옹지마를 경험하지 않는 인생은 없기 때문이다.

흔히 나는 "사주가 좋으면 노력을 하지 않아도 되는가?"라는 질문을 받는다. 물론 대답은 '아니다'이다. 내가 소위 말하는 '금수저'로 태어났다고 해도 그것을 닦는 일을 게을리하거나 함부로 굴리면 어느 순간 빛이 사라지는 것은 당연한 이치다. 그보다는 내가 운명으로부터 받은 것이 무엇이든 간에 그것을 소중히 여기는 마음, 잘 지키겠다는 마음, 갈고닦겠다는 마음이 있어야 운명도 내 편이 되어줄 것이다.

나는 자기 운명에 대해 한탄만 하는 것도 운명에 저항하는 일이라고 생각한다. 물론 한 개인이 어찌할 수 없는 시대의 흐름이란 것도 있다. 누구도 자신이 태어나는 시대와 나라를 선택할 수 없다. 그래서 내가 아는 지인 중 한 명은 일이 잘 풀리지 않아 힘들 때마다 자신이 아프리카나 시리아처럼 내전을 겪는 나라에서 태어나지 않은 것에 감사한다고 말한다. 그런 의미에서 우리는 나를 둘러싼 세상을 바꿀 순 없으나 나를 바꿈으로써 세상을 바꿀 수는 있다. 즉, 자신의 불운한 운명을 한탄만 하고 있어서는 곤란하다는 의미다.

남과 자신을 비교하는 것 역시 운명에 저항하는 일이다. 남과 비교해 생겨나는 것이라고는 내면의 열등감밖에 없다. 실제로 남과 나를 비교하면서 열등감을 느끼고, 그것을 감추기 위해 자신의 소중한 에너지를 낭비하는 사람이 있었다. 그의 사주에는 창의성을 상징하는 오행이 2개나 있었고, 또 대단히 부지런하고 감각적인 성향을 지니고 있었다. 다만 그의 심한 열등감이 타고난 창의성을 온전히 발휘하지 못하게 막고 있었다. 그러한 사실을 이야기해주고 상담을 이어가자 그는 매우 달라진 모습을 보였다. 열등감 대신 자신의 창의성에 초점을 맞추고 그것을 개발하기 위해 더욱 학문에 정진하기 시작한 것이다.

언젠가 주역에 심취한 사람이 처음에는 궁금한 일이 있을 때마다 점을 봤는데, 어느 괘에나 좋고 나쁜 것이 같이 드러나서 더 이상 점을 보지 않는다는 이야기를 한 적이 있다. 이는 명리학에서 봐도 똑같다. 내게 좋은 운이 들어온다고 해서 다 좋은 것도 아니고 나쁜 운이 들어온다고 해서 다 나쁜 것도 아니다. 단지 내가 그것을 어떻게 소화하느냐가 중요한 것이다.

내 마음이 건강하면 외부에서 비바람이 몰아쳐도 웬만큼 견딜 수 있다. 인생의 고비마다 찾아오는 어려움에도 현명하게 대처할 수 있다. 그런 생각과 자세를 갖는 것이야말로 운명을 개척할 수 있는 출발점이 되어준다. 즉, 심상(心像)을 갈고닦고자 노력할 때 운명도 내 편이 되어주는 것이다.

타고난 사주는 못 바꿔도
팔자는 바꿀 수 있다

세상 모든 것은 끊임없이 변화한다. 이를 두고 헤르만 헤세는 "우리는 같은 강물에 두 번 발을 담글 수 없다"라고 말했다. 세상의 변화는 우리 자신을 봐도 잘 알 수 있다. 어제의 나는 오늘의 나와 다르고, 오늘의 나 역시 내일의 나와 다르기 때문이다. 개인적으로 내가 가장 좋아하는 영어 표현 가운데 하나가 "I'm not what I used to be(나는 과거의 내가 아니다)"이다. 중학교 때 영어 선생님이 'Used to'의 뜻을 설명해주기 위해 인용한 문구가 내 삶의 지표 중 하나가 된 것이다. 놀랍게도 이는 의학적으로도 입증된 바가 있다. 우리 몸의 세포들이 1년에 거의 98퍼센트씩 새로운 세포로 바뀐다는 사실이 그것이다. 우리는 의식하지 못하지만 피부는 한 달마다, 간은 6주마다, 위장은 5일마다 새로운 세포로 거듭난다고 한다.

그처럼 내 몸의 세포를 포함한 세상의 모든 것이 매 순간 바뀐다는 점을 감안하면 내가 타고난 운명 역시 반드시 그대로 지속되리라는 법은 없다. 나의 노력 여하에 따라 달라질 수도 있어야 하는 것이다. 흔히 '타고난 사주는 못 바꿔도 팔자는 바꿀 수 있다'라는 말이 있는데 이는 팔자를 이루는 오행 속 기의 흐름을 노력으로 바꿀 수 있다는 것을 의미한다. 나는 실제로 임상에서 그러한 사례들을 많이 본다. 이론적으로는 안 좋은 사주를 갖고 있어도 자신이 노력하여 큰 성취를 이루는 사람도 있고, 그 반대인 사람도 정말 많다.

팔자를 바꾸려고 할 때 노력만큼 중요한 것이 또 하나 있다. 심상, 즉 내 마음의 흐름과 그 영향을 살피는 것이다. 아무리 좋은 사주를 타고나도 그것을 갈고닦으려는 심상을 지니고 있지 않으면 좋은 사주의 운을 다 발휘하지 못한다. 이는 마치 성경에 나오는 달란트 이야기와 비슷하다. 주인이 여행을 떠나면서 주고 간 달란트 하나를 땅에 묻어버린 하인과 다를 바 없는 것이다. 또 다른 하인은 주인에게 받은 달란트 하나를 열심히 노력해 5개로 불렸는데, 주인은 먼젓번 하인의 달란트를 빼앗아 노력한 하인에게 주었다. 물론 이 이야기는 여러 방향으로 해석할 수 있다. 하지만 그 기본은 '하늘은 스스로 돕는 자를 돕는다'는 마음으로 열심히 사는 심상을 가지면 많은 것이 달라질 수 있다는 메시지를 들려주고 있다.

반면 '나는 절대 안 돼'라는 마음을 가지고 있으면 어떤 경우에도 심상이 변하지 않는다. 그렇지 않은가. 우리가 미래에 대해 부정적인 생각이나 불안감을 갖고 있으면 일단 몸이 먼저 반응한다. 온몸이 차가워지면서 마치 혈관에 얼음이 돌아다니는 것 같은 느낌마저 들 때가 있다. 반면 긍정적인 생각을 하면 곧바로 몸이 가벼워지는 느낌이 든다. 작은 생각 하나도 그렇게 내 몸을 바꾸는데, 하물며 내가 바꾸지 못할 것이 무엇이겠는가.

바로 이때 어떤 방향으로 나를 바꾸는 것이 좋은지 알게 해주는 학문이 정신의학이고 명리학이다. 앞서 두 학문 모두 내 인생을 디자인할 수 있게 돕는다고 했는데, 바로 이런 뜻이다. 언젠가 깊은 낙담에 빠진 사람이 내게 상담을 요청한 적이 있다. 나는 심리학적인 검사와 명리학적인 해석을 통해 그에게 무엇이 필요한지 알 수 있었다. 나는 우선 그에게 "당신에게 필요한 것은 자신감이다"라고 말해주며 상담을 시작했다. 그러자 그는 "내가 생각하는 것이 자만심이고 망상인지, 아니면 진짜 내가 이룰 수 있는 꿈인지 당신이 어떻게 아는가?"라고 되물었다. 나는 그에 관한 분석 결과를 자세히 들려주면서 "당신은 이미 자신의 분야에서 충분히 뛰어난 리더십을 발휘할 수 있는 능력을 가지고 있다. 다만 몇 번

좌절에 부딪히면서 스스로를 믿지 못하게 된 것뿐이다"라는 의미의 말을 해주었다. 그는 곧 내 말에 실린 간곡함을 알아차렸다. 그러자 예정되어 있던 상담 일정보다 몇 회 더 빠르게 놀라운 치료 효과를 보였다. 얼마 지나지 않아 그는 자신의 분야에서 성공한 몇 안 되는 사람으로 손꼽히게 되었다.

그와는 반대로 젊은 날 일찍이 성공을 거둔 사람도 만난 적이 있다. 그의 자만심은 정말이지 보통이 아니었다. 모든 사람을 우습게 보고 자기의 짧은 지식을 자랑하기 바빴다. 자기가 아는 것을 상대가 모른다고 생각하면 곧바로 무시하고 멸시하기까지 했다. 그를 보고 있으면 "사람은 알기 위해 배우는 게 아니라 다른 사람들에게 자랑하기 위해 배운다"라는 말이 저절로 떠오를 정도였다. 그가 나를 찾아온 건 회사에서 곧 있을 승진 심사 때문이었다. 그가 다니고 있는 기업에서는 내게 승진 대상에 오른 모든 임원을 대상으로 심리검사와 몇 차례의 상담을 해줄 것을 요청해왔다. 나는 끊임없이 그에게 겸손한 자세가 필요하다고 조언했다. 당연히 처음에 그는 내 말을 듣지 않았다. 하지만 다행히 상담이 진행될수록 차츰 자신의 자만심에 대해 깨닫게 되었다. 자만심이 정신의학적으로는 열등감의 다른 표현이라는 것도 알게 되면서 말이다. 그는 그동안 자신의 그런 모습을 숨기려고 더 자신만만하게 행동해왔다는 사실도 깨달았다. 그러고는 "자칫 시시한 사람으로 살다가 끝날 뻔했는데 그렇게 되지 않도록 도와주어 고맙다"라는 인사를 내게 건넸다. 그 역시 얼마 지나지 않아 고위 임원으로 승진했다는 소식이 내게 전해졌다.

두 사람의 사례에서 보듯이 사주에 능력을 충분히 지니고 있으나 심리적인 불안감으로 인해 그것을 발휘하지 못하는 사람을 격려하고, 자신의 그릇에 맞지 않는 지나친 자만심으로 일을 그르치는 사람에게 경계의 메시지를 주는 것, 이것이 바로 정신의학과 명리학을 동시에 활용할 때 얻을 수 있는 장점이다.

흔히 '팔자가 세다'고 하는 것도 알고 보면 팔자의 기운이 강하다는 의미일 뿐이다. 명리학의 기본은 기의 균형과 조화다. 따라서 강한 기운은 억제하고 약한 기운은 보충해주어야 한다. 예를 들어 사주가 약한 사람들 중에는 자기를 지지해주는 학문의 힘을 빌려야 하는 경우가 있다. 이때 학문으로 자신을 정비하지 않은 채 돈과 권력을 탐하면 문제가 터진다. 신체적으로 몸이 약하면 일단 잘 먹고 잘 자서 체력을 보완한 다음에 운동을 해야 한다. 처음부터 근력을 키우겠다고 무리한 운동을 하면 탈이 나는 것처럼 사주도 그 기운이 약하면 학문과 덕의 함양을 통해 자신을 키운 뒤 그 기의 균형과 조화를 이루는 방법을 찾아야 한다.

반면 사주가 강한 사람들은 밖에 나가서 활동을 하는 것이 중요하다. 힘이 센 사람은 운동을 하든지 해서 그 기를 발산해야 하는 것과 마찬가지다. 추운 사주를 가진 사람은 마음에 따뜻함을 더하기 위해 노력함으로써 그 차가움을 녹여내야 하고, 더운 사주를 가진 사람은 그것을 조금 가라앉히려고 노력함으로써 자기 인생에서 조화와 균형을 맞춰나갈 필요가 있다. 바로 이런 것이 자신의 삶을 디자인하는 하나의 방법이다. 사주는 바꾸지 못해도 팔자는 바꿀 수 있다는 뜻이다.

유유상종의 과학,
좋은 내가
좋은 당신을 부른다

"우리를 인간으로 만들어주는 것은 자신에게 물음을 던지는 능력이다. 그렇게 보면 별이 빛나는 밤하늘은 우리 자신의 얼굴을 들여다보는 거울이기도 하다. 나는 질문으로 가득할 때 내 얼굴이 가장 진실하다고 생각한다."

스웨덴의 소설가 헤닝 만켈이 한 말이다. 그의 말대로 자기 존재의 의미와 미래에 대한 희망을 찾기 위해 질문하는 능력을 가진 존재는 오직 인간뿐이다. 특히 저 광활한 우주와 나 사이에 어떤 상관관계가 있는지, 궁금해하지 않는 사람이 또 있을까? 나 역시 그 모든 것이 궁금한 사람이다. 그래서 나는 물리학과 우주과학에도 관심이 많다. 가끔은 혼자서 스스로에게 이런 질문을 던져 보기도 한다.

"만약 스페이스 X에서 발사하는 화성 우주여행 경품에 당첨된다면? 단, 100퍼센트 다시 돌아온다는 보장이 없다면 그래도 갈 것인가? 만약 간다면 그 이유는 무엇인가?"

물론 대답은 언제나 "그렇다"이다. 우주에서 홀로 떠도는 미아가 된 내 모습을 상상할 때마다(영화 「그래비티」의 산드라 블록처럼) 그 절대적인 고독이 나를 한없이 매혹하기 때문이다. 사정이 그렇다 보니 물리학이나 우주에 관한 책이 눈에 띄면 일단 사두고 보는 버릇이 있다. 꼼꼼하게 읽을 시간이 없을 때는 대충이라도 훑어보려고 노력한다. 그중에서도 프리초프 카프라가 쓴 『현대 물리학과 동양사상』은 줄까지 쳐가며 열심히 읽었다.

그 책을 읽으면서 나는 오행과 양자역학의 상관관계에 대해 많은 것을 생각하게 되었다. 양자역학의 가장 기본적인 이론 중 하나는 세상에 존재하는 것 가운데 고체는 없다는 것이다. 우리가 고체라고 생각하는 것도 나누고 또 나누면 원자, 전자, 중성자, 쿼크(Quark)로 이루어져 있으며 그것을 더 나누면 결국은 파동이라는 이야기다. 좀 더 쉬운 말로 하면 '같은 주파수를 가진 파동끼리는 서로 공명한다는 것'이 양자역학 이론의 기본인 셈이다.

양자역학에서와 마찬가지로 명리학을 비롯한 동양의 학문 역시 파동, 즉 기를 중시한다. 자연은 그것을 관찰하는 사람에 따라 달리 보인다는 것, 그리고 세상은 모두 보이지 않는 기로 이루어져 있으며 인간조차도 그러한 기로 만들어진 존재라는 것, 더불어 세상의 모든 것은 변화하므로 확정된 것은 아무것도 없다는 것이 명리학, 그중에서도 오행의 기본을 이루는 핵심이기 때문이다(노벨물리학상을 수상한 물리학자 닐스 보어가 주역의 사상에 깊이 심취했던 것은 바로 그러한 배경에서다). 이를 다른 말로 표현하면 기로 이루어진 존재인 인간은 끊임없이 변화한다는 것을 의미한다. 영화 「바닐라 스카이」에는 "1분마다 인생을 바꿀 기회가 찾아온다"라는 대사가 나온다. 어느 시인이 쓴 시에서 "매 순간이 꽃봉오리이다"라는 표현도 이와 비슷한 의미일 것이다.

한편 양자역학에서는 세상에 존재하는 모든 것은 공간에 독립적으로 존재하는 객체가 아니라 존재와 보이지 않는 비존재 사이에서 천변만화(千變萬化)하는 에너지의 일시적 형태, 또는 에너지 장의 변화 과정이나 작용에 지나지 않는다고 말한다. 그것 역시 명리학과 통하는 부분 중 하나다. 명리학은 우리를 이루고 있는 오행이 우주와 자연을 이루는 기이며, 그 오행으로 세상의 모든 것이 형성되고 동시에 나와 모든 오행은 서로 연결되어 있다는 것을 전제로 한다. 그처럼 세상 모든 것이 서로 연결되어 있다는 유기성과 전일성(全一性)은 동양사상의 가장 기본이기도 하다. 다시 말해, 동양사상은 한 인간을 개별적인 존재로 보는 것이 아니라 우주에 존재하는 모든 것과 연관된 존재이자, 매 순간 변화하는 역동성을 지니고 있으며 시간과 변화를 본래부터 내포하고 있는 존재로 본다. 그것을 좀 더 단순하고 쉬운 말로 표현한 것이 "같은 주파수를 가진 파동끼리는 서로 공명한다"라는 말이다. 그리고 이것이 오행과 양자역학의 기본 이론이다.

어렸을 때 읽은 동화 중에 자매가 함께 살아가면서 서로 다른 성격으로 인해 결국 인생도 달라진다는 이야기가 있었다. 기억이 확실하지는 않지만 내용은 대강 이렇다. 두 자매 중 한 사람은 마음씨가 곱고 착했다. 주위에서 어려운 일을 당하는 사람들을 보면 최선을 다해 도와주려고 애썼다. 다른 한 사람은 그 반대였다. 마음이 심술궂고, 자기 멋대로 행동하면서도 자신이 옳다고 내세웠다. 어려운 처지에 있는 사람들을 보면 돕기는커녕 구박하고 못살게 굴었다. 어느 날 하늘에서 내려온 천사가 자매의 이야기를 알게 되었다.

천사는 마음이 고운 사람이 말을 하면 그것이 다 장미꽃으로 변해 주위에 아름답고 좋은 향기를 풍기며 내려앉게 했다. 반면 마음이 심술궂은 사람은 하는 말마다 개구리로 변하도록 만들었다. 당연히 사람들은 입으로 장미꽃을 뿜어내는 사람을 좋아하고 또 자주 찾았다. 덕분에 그녀의 앞날은 밝기만 했다. 하는 일마다 더욱 잘된 것은 말할 것도 없다. 반면 개구리를 입으로 쏟아내는 사람은 안 그래도 심술궂고 못되게 굴어 사람들이 싫어하던 차에 아예 아무도 찾지 않는 존재가 되었다.

어린 시절에 읽은 동화인데도 나는 지금도 이따금 그 이야기를 떠올린다. 주변에 말이나 행동이 지나치게 거칠어서 문제를 일으키는 사람들을 볼 때면 더욱 그렇다. '조금만 더 심술을 부리면 입에서 개구리가 쏟아지겠네' 하고 혼자 중얼거리는 때마저 있다. 그런 사람들은 대개 문제를 일으키기도 전에 이미 안에서부터 솟아나는 충동에 무릎을 꿇는 타입이라고 봐야 한다. 반대로 행동도 반듯하고 말솜씨도 예쁜 사람들을 만나면 저절로 기분이 좋아진다. '입으로 곧 장미꽃을 만들어내겠네' 싶은 것이다. 그뿐만이 아니다. 입만 열면 비관적이고 실패하는 이야기, 불행한 이야기만 하는 사람들도 있다. 조금 심하게 표현하면 남의 실패나 비극을 수집하는 일에 이상할 정도로 몰입한다고 할까. 나도 조금은 그런 면이 있기에 그들을 이해해보고 싶지만, 쉬이 그렇게 되지는 않는다. 나보다 정도가 심한 사람을 만나면 '아, 그래도 난 저 정도는 아니야' 하고 안도하고 싶지만 그 역시 잘 되지 않는다. '저 사람, 아무래도 장미꽃은 틀렸네' 싶은 생각이 먼저 들 뿐.

나의 경우, 스스로에 대한 분석을 통해 그리고 심리검사를 통해 나 자신이 비관주의 쪽으로 약간 기우는 성향이라는 걸 잘 알고 있었다. 그런데 재미있게도 그러한 나의 성향을 있는 그대로 받아들이게 된 것은 명리학을 공부하고부터였다(물론 그 일을 계기로 내담자들이 자신이 처한 상황이나 겪고 있는 문제를 쉽게 받아들이지 못한다는 것을 더욱더 잘 이해하게 되었음을 밝혀둔다). 일단 내 사주에는 음의 오행이 더 많고, 그중에서도 금과 수의 오행이 많다. 그런 경우 생각이 대체로 비관주의 쪽으로 흐른다고 보면 된다. 그러므로 무엇이든 새롭게 시작은 잘하지만 조금만 상황이 흔들리면 나도 모르게 비관적인 생각을 할 때가 많다. 불안강도도 높아서 자주 예기불안에 사로잡히기도 한다. 물론 하도 많은 사람의 삶을 들여다보니 그렇게 되었다고 스스로를 위로하기도 하지만, 그러한 경험보다는 내가 갖고 태어난 특성 자체가 더 크게 영향을 주었다고 받아들이고 있다.

반면 사주에서 오행이 목과 토로 이루어져 있는 사람들은 대체로 긍정주의자에 가깝다. 거기에 화의 오행까지 있으면 더욱 그러하다. 나무가 땅에 뿌리를 굳건히 내리고 있고 꽃을 피우고 있는 형상이므로 웬만한 비바람에는 흔들리지 않기 때문이다. 만약 심리검사와 상담을 거친다면 그 결과 역시 명리학적 결과와 크게 다르지 않을 가능성이 매우 높다는 것을 임상에서 종종 경험한다. 그런 사람은 무슨 일을 하든 일단 잘 되어나갈 근거부터 찾아낸다. 입 밖으로 내는 말들도 실패나 불행에 관한 것보다는 성공과 좋은 일에 관한 것이 훨씬 더 많다. 그리고 흔히 '말하는 대로 된다'고, 그의 주변에는 나쁜 일보다는 좋은 일이 더 많이 생겨날 가능성이 높다.

설령 안 좋은 일이 연속으로 일어나는 경우라도 이런 사람들은 바닥까지 떨어지는 일이 거의 없다. 특유의 긍정주의로 어둠 속에서도 한 줄기 빛을 찾아내 어떻게 해서든 위로 올라가기 때문이다. 그런 사람이 주위에 있으면 나 같은 비관주의자도 어느새 긍정주의자로 변한다. 지인 중에 손꼽히는 긍정주의자 한 사람은 "이따금 우리가 하는 말들이 다 에너지가 되어 어딘가로 향해 가고 있을지도 모른다는 기분이 들 때가 있다. 그럴 때마다 이왕이면 좋은 말, 긍정적인 말을 해야겠다고 생각한다. 그 말의 기운 덕분에 일이 더 잘 풀릴지도 모를 일 아닌가" 하는 요지의 말을 하곤 한다. 따라서 그의 입에서는 좋은 말과 긍정적인 말이 나오는 것은 당연하다. 그 덕분에 내가 그를 좋아하게 되었고 물론 나뿐만 아니라 많은 사람이 그를 좋아하고 있다.

그런데 말의 기운이나 말의 파동에 관해 양자역학이 그 비밀을 밝히고 있다는 사실이 정말 놀랍지 않은가. 결국 오행과 양자역학으로 볼 때 우리가 흔히 말하는 '유유상종'이라는 말도 맞는 셈이 된다. 즉, 내가 긍정적인 말, 긍정적인 생각, 긍정적인 행동을 하면 또 다른 긍정주의자와 만나서 일이 잘 풀릴 가능성이 높아지고, 반대의 경우에는 또 다른 비관주의자와 만날 확률이 그만큼 더 높아진다. 이는 양자론에서 우주를 물리적 대상들의 집합이 아니라 통일된 전체의 여러 부분 사이에 있는 복잡한 관계망으로 보는 것과도 일치한다. 그리고 이것은 명리학의 본질이기도 하다.

카프라는 실제 그 자체보다 실제에 대한 표상이 파악하기 쉽기 때문에 개념과 상징들을 실제 그 자체로 혼동한다고 주장한다. 사실 십간과 십이지지로 표현되는 오행도 그러하다. 그것은 단지 자연의 기의 흐름을 나타내는 상징일 뿐인데, 우리는 거기에만 집착한 채 목이면 목의 성질을 한계 짓고 있는 것인지도 모른다. 따라서 우리가 나에 대해 어떤 사람인지 온전히 규정하기 어렵고, 자연의 흐름 또한 어떠하다고 못 박아 단정할 수 없으며, 오행과 음양 역시 완벽하게 어떠하다고 규정할 수 없는 것은 당연한 일이다. 그런 의미에서 우리 모두에게는 우리가 단지 그것을 알아가는 과정에 있다는 겸손함이 필요하지 않을까 싶기도 하다.

이러한 동양사상의 본질을 서양의 물리학자가 주장하고 있다는 것은 분명 놀라운 일이다. 카프라는 사물의 근본적인 속성이 운동과 변화라고 주장한다. 그리고 그 운동을 일으키는 힘은 객체의 바깥에서 오는 것이 아니라 물질의 본원적 성질이라고 말한다. 이는 곧 우리를 이루는 기가 바로 우주의 기인 오행이며, 그 오행은 끊임없이 변한다는 것과 연관된다. 즉, 그는 현대물리학자들이 세상을 불가분, 상호작용, 부단한 운동의 구성 분자로 이루어지는 체계로 보는 관점이 동양사상과 같다고 주장한다. 그는 자연계는 무한히 다양하고 복잡한 체계로, 거기에는 직선이나 완전한 정각형은 들어 있지 않으며 사건도 정연한 순서대로 일어나는 것이 아니라 모두가 한데 모여 어우러져 일어난다고 말한다. 따라서 인간의 개념적 사고를 가지고 그러한 세계를 완전히 이해할 수는 없다는 것이다.

이러한 내용은 캘리포니아공과대학의 이론물리학자 션 캐럴이 쓴『빅 픽쳐』에도 언급되어 있다. 그 역시 "완전한 거란 존재하지 않는다. 어떤 것은 신뢰도가 높고 또 어떤 것은 불확실성이 덜 클 뿐이다. 이것은 우리가 소망할 수 있는 최선이면서, 세상이 우리에게 허락해준 방식이기도 하다. 인생은 짧고 그 짧은 인생 동안 확실한 것은 아무것도 없다"라고 말한다.

의학적으로 봤을 때 이는 인간의 신체적 비밀과도 마찬가지다. 본과 1학년에 진학해 해부학 시간에 만난 인간의 몸은 나에게 신비로움 그 자체였다. 이는 내가 정신과를 선택하게 된 계기 중 하나가 되기도 했다. 그처럼 신비한 몸을 조절하는 뇌는 얼마나 신기할까 싶어서 정신의학을 택했던 것이다. 당시 나는 인체의 신비를 체험하고 현미경으로 보이는 세포의 신비를 통해 우리 몸이 작동하는 원리를 알게 되면서 세상에 존재하는 것들이 얼마나 신비로운지를 새삼 깨달았다. 현대물리학은 그 한계를 인정하고 있다고나 할까. 물론 아직도 우리에게는 수없이 많은 질문이 남아 있다. 션 캐럴의 말처럼 "왜냐는 질문에 최종적인 해답은 없을지도 모르기" 때문이다. 다만 현재 이 시점에서 내가 할 수 있는 것에 대해서는 최선을 다할 필요가 있을 것이다.

나는 성경 구절 중에 "매 순간 깨어 있으라"라는 말을 좋아한다. 그런데 가끔은 그 말 역시 긍정주의자로서 좋은 기운을 가지고 주변과 파동을 맞추라는 뜻을 담고 있다는 생각을 하곤 한다.

매 순간 깨어 있으면서 긍정적인 사람이 되려고 노력할 때 또 다른 긍정적인 기운과 만날 수 있다는 것만큼은 매우 분명한 사실이기 때문이다.

결국 중요한 것은 내 입에서 장미꽃이 나오게 할 것인지 개구리가 나오게 할 것인지는 내가 마음먹기에 달린 셈이다. 물론 나 역시 요즘은 가능한 한 비관주의를 떨쳐버리고 내 마음을 긍정 에너지로 채우고자 노력한다. 그런 노력을 기울이는 순간이면 내 마음도 약간은 행복한 기운으로 가득해져 설레는 것도 같다. 지금은 그것으로 충분하다. 하지만 더욱 분발하겠다는 생각은 늘 하고 있다. 기왕이면 내 입에서 장미꽃이 쏟아지는 편이 훨씬 더 좋을 것이므로. 이는 내가 이 책을 쓴 이유 중 하나이기도 하다.

명리학을 통해 배우는
기성세대의 역할

명리학을 공부하면서 기성세대와 젊은 세대 간의 갈등을 이해할 수 있었던 것은 내게 참 흥미로운 경험이었다. 세대 간 갈등은 어제오늘의 이야기가 아니다. 지인들이 모여 있는 단체 채팅방에서도 처음에는 반갑다는 인사로 시작해 그다음에는 시시콜콜한 개인사가 이어지다가 마지막에는 단연 사회와 정치 이야기로 끝이 난다. 그러면서 요즘 젊은 세대는 생각이 없다거나 우리 때와는 완전히 다르다는 이야기를 덧붙이는 경우가 많다. 그런데 알고 보면 이러한 현상 역시 오행으로 풀이가 가능하다.

오행에서 젊은 날의 생명력을 상징하는 것은 목이다. 지구상에 존재하는 것 중에 눈으로 그 생명력을 가장 잘 알아볼 수 있는 것이 나무이기 때문이다. 그래서 계절 역시 봄도 나무, 즉 목의 오행을 쓰고 젊은 날도 목의 오행에 비유한다. 목은 나무가 그러하듯이 아래에서 위로 치솟아 올라간다. 마치 하늘에 닿을 듯이 올라가고 싶어 한다. 그래서 목의 오행은 성장과 발육과 의지 등을 상징하기도 한다. 그런데 어린 나무가 미처 자라기도 전에 가지를 잘라내면 더 이상 자라날 수 없다. 나무를 다듬는 것도 어느 정도 자라야 가능한 일이다. 그래서 오행의 세계에서 초봄의 나무들은 오로지 물과 태양 빛만을 필요로 한다. 만약 자기를 상징하는 오행이 봄날의 목이라면, 사주 안에 수와 화의 오행이 있어야만 제대로 성장할 수 있는 것이다. 나는 기성세대가 그러한 역할을 해야 한다고 생각한다. 그러지 못할 때는 세대 간의 반목만 깊어질 뿐이다. 즉, 나무가 어느 정도 성장하기까지는 자기 뜻대로 자라나도록 도와주어야 하는 것이다. 꽃을 피우는 나무는 물을 너무 많이 주어도 꽃을 피우지 못한다고 한다. 과잉보호를 하면 제대로 성장할 수 없다는 인간사의 논리와도 같다.

언젠가 지인 중 한 명이 나무를 옮겨 심었더니 아름다운 나무일수록 더 빨리 시드는 것을 보고 '아름다운 나무는 깊은 숲속에서 마음껏 가지를 뻗으며 자라나야 하는데 그것을 내 좁은 정원에 심었으니 당연히 시들 수밖에 없었다'는 깨달음을 얻었다고 내게 말한 적이 있다. 한 생명이 아름다운 청년으로 자라나기 위해 마음껏 가지를 뻗을 수 있는 공간을 마련해주는 것이 바로 기성세대의 역할이라는 것을 다시금 생각해볼 수 있는 기회였다.

실제로 일간이 초봄의 나무에 해당하는데 사주에 수와 화의 오행이 없고 금의 오행이 가득하거나 토의 오행이 가득하면 그 오행의 소유자는 일생이 곤고하다고 풀이한다. 톱의 손질을 감당할 수 없는 나이에 그것을 감당해야 하니 그 세월이 얼마나 힘들지 이해가 가지 않는가. 그리고 토의 오행이 많아 땅이 너무 두꺼우면 여린 나무는 뿌리를 내리기 어렵다. 이는 젊은 날 너무 돈을 밝히거나 이성을 밝히면 안 된다는 이치와도 일맥상통한다. 젊은 날에는 공부를 하거나 내 뜻을 펼치려는 건강한 감각을 가져야 한다. 그리고 그것을 기성세대가 이해하고 도움을 주고자 할 때 세대 간에 더 건강한 문화가 생겨나지 않을까 싶다.

봄이 없으면 당연히 여름도 없고, 여름이 없으면 가을도 없다. 그러니 젊은이들에게 봄이 상징하는 싱그러운 성장과 여름이 상징하는 열정의 시간이 얼마나 소중한지 이야기해주는 것도 기성세대의 몫이 아닐까 한다. 그 시기를 지나고 난 후에야 비로소 우리는 자신의 삶을 살펴보고 갈무리할 수 있는 가을과 마주할 수 있을 것이다. 그리고 그때가 되었을 때 지나온 젊은 날에 대해 조금은 덜 후회하고 덜 회한을 느낄 수 있는 방법은 하나뿐이다. 봄과 여름의 시간을 좀 더 가열차게, 그리고 할 수 있다면 좀 더 현명하게 살아내는 것이다.

물론 그 과정에서 우리는 누구나 실수를 한다. 내 경우만 보더라도 그러한 사실이 너무나 명명백백해서, 도저히 그 어떤 차폐막으로도 가릴 수 없다. 앞서 인용했듯이 빌 브라이슨은 우리의 DNA를 펼치면 명왕성까지 이를 것이라고 말했다. 어쩌면 내가 인생에서 저지른 실수의 목록 역시 죽 펼쳐놓으면 명왕성 너머까지 다다를지도 모르겠다. 하지만 지금의 나는 그 모든 것에 대해 예전처럼 열패감이나 후회의 감정을 느끼진 않는다. 실수가 많았다는 것은 최소한 내가 그만큼 열심히 살았다는 증거라는 생각이 요즘은 더 많이 들기 때문이다.

　누군가가 "천재란 똑같은 실수를 한 번만 하는 사람이다"라고 말했는데, 나를 포함해 대부분의 평범한 사람들은 똑같은 실수를 두 번, 아니 여러 번 반복하며 살아간다. 그러니 나에 대해서나 다른 사람에 대해서, 특히 자라나는 청년들에게는 조금은 여유를 갖고 이해하고 기다려줄 필요가 있지 않을까. 그런 마음으로 봄과 여름의 시절을 지나가고 있는 젊은이들을 바라보면 어떨까 싶다.

그럼에도 불구하고
다시 일어서는 마음

상담을 하면서 새삼 알게 된 것은 사회적으로 성공한 사람들 중에 자기만의 위기를 겪어보지 않은 사람은 거의 없다는 사실이다. 지금은 대단히 편안한 모습으로 주변을 보듬는 사람도 알고 보면 처절한 생의 위기를 지나 지금에 이른 경우가 적지 않다.

지인 중에 '그럼에도 불구하고'라는 말을 가장 좋아한다는 사람이 있다. 살아가면서 감당하기 어려운 힘든 좌절의 순간이나 불행이 닥쳤을 때 '그럼에도 불구하고' 다시 일어서고자 노력하는 것만큼이나 중요한 일은 없기 때문이라고 했다. 요즘 말로 치면 그의 '인생 문장'이었던 셈이다. 그는 위기를 겪으면서 비로소 성장하고 발전해온 자신의 인생 역정을 그 한마디로 표현했다. 자기 분야에서 성공하기까지 얼마나 큰 시련을 겪었는지 잘 알고 있던 나로서는 그 말의 의미를 더욱 크게 느낄 수 있었다.

흥미로운 사실은 그처럼 역동적이고 굴곡 있는 삶을 사는 사람들의 사주는 해석하기가 쉽지 않다는 점이다. 적어도 내 경험으로는 그렇다. 단조로운 삶을 사는 사람들의 사주는 상대적으로 해석하기가 편한데, 그 반대의 경우는 해석도 어려운 것이다. 쉬운 예로 얼핏 보면 안 좋은 사주 같지만 궁극적으로 해결 방법을 상징하는 오행이 들어있는 경우가 여기에 해당한다. 특히 해결 방법의 오행이 숨어 있는 경우에는 더 찾기가 힘들다. 하지만 그런 사주를 가진 사람일수록 온갖 역경을 헤치고 나아가 결국엔 성공하는 모습을 보인다.

그런 경우를 볼 때마다 역시 사람은 역경을 겪어야만 성장하고 발전할 수 있구나 하는 생각이 저절로 든다. 더불어 내 인생에도 어김없이 찾아오는 크고 작은 위기 앞에서 이렇게 다짐하곤 한다. 기죽지 말고 좌절하지 말자고. 지금은 비싼 수업료를 내고 앞으로 나아가는 법을 배우는 중이라고. 물론 쉬운 일은 아니지만 '그럼에도 불구하고' 그런 노력을 해야만 견딜 수 있는 것이 또 삶이 아니겠는가 하고 말이다.

위기의 순간에 그대로 무너지지 않고 살아남아 성공하는 사람들을 두고 명리학에서는 '병약(病藥) 사주'라고 한다. 사주 안에 스스로를 병들게 하는 오행도 있고 그것을 치유하는 오행도 있다는 뜻이다. 일상에서 흔히 말하는 '병 주고 약 준다'는 말의 명리학적 버전이라고나 할까. 쉬운 예로 아이들이 커가는 과정에서도 병약 이론의 모습을 볼 수 있다. 부모라면 누구나 알 것이다. 아이가 몹시 열이 나고 아파서 병치레를 하고 나면 갑자기 꾀가 늘고 영특한 모습을 보이는 경우를 말이다. 많은 사람이 생명을 위협하는 병을 이겨낸 다음에야 비로소 자신이 갖고 있는 것이 얼마나 소중한지, 자기 주위에 있는 사람들이 얼마나 고마운지, 살아 있다는 것만으로도 얼마나 감사한지를 깨닫는 경우도 많다. 그런 것처럼 자기 사주 안에 자신을 쓰러뜨릴 수 있는 문제점과 더불어 그 문제점을 치유하는 약이 되는 글자를 가진 사람들은 다른 사람들에 비해 더 크게 성공한다. 즉, 병도 없고 약도 없는 사주를 가진 사람들은 그날이 그날 같은 평범한 일상을 살아가는 반면 병도 있고 약도 있는 사주를 가진 사람들은 풍파를 겪고 또 그것을 극복하면서 성장해나가는 것이다.

'아픈 만큼 성장한다'는 말은 진부하지만, 우리는 일상에서 그 말이 진실임을 깨닫는다. 이를 두고 헝가리의 대문호 산도르 마라이는 다음과 같은 말을 남겼다.

"살면서 인간과 운명에 대해 깨닫게 되자, 별로 행복하지 못한 가정에서 자란 사람들이 그렇지 않은 사람들보다 삶의 중심을 잃지 않고 저항력도 강하다는 것을 알게 되었다."

물론 평탄한 사주는 평탄한 삶을 살 수 있으니 그것만으로도 좋다. 다만 사주에서 병약을 경험한 사람들은 자신만의 삶의 깊이를 분명히 가지고 있다. 그리고 그들이 한결같이 하는 말이 있다. 정말 죽을 만큼 괴로운 일을 겪은 다음 서서히 회복되면서 느끼는 편안함이란 이루 말로 표현할 수 없다는 것이다.

언젠가 자책감으로 죽고 싶다는 사람이 나를 찾아왔다. 그동안 자신이 저지른 어리석은 일들을 생각하면 자기 몸을 칼로 찌르고 창문에서 뛰어내리고 싶은 충동을 느낀다고 말했다. 더 이상 삶에 희망도 없고, 자기가 삶을 다 망쳐놓은 것 같고, 도저히 자기를 용서하지 못하겠다고도 했다. 그렇다고 해서 아르바이트를 하며 단돈 몇천 원, 몇만 원을 벌려고 고생하는 딸을 생각하면 도저히 죽을 수도 없다고 했다. 매일 밤 힘든 일을 끝내고 자신에게 전화하는 딸을 보면 이 아이가 나 죽은 다음에 누구에게 전화할까 싶어 참게 된다는 것이었다. 즉, 하루하루 사는 게 고통이라는 것이 그녀의 하소연이었다.

나는 그녀에게 심리검사[자살사고(죽고 싶어 하는 생각을 품는 것)가 심각한지 그 여부를 알기 위해서라도 이 과정은 필수적이다]와 상담을 해주면서 동시에 명리학적인 해석도 들려주기로 했다. 다행히 그해가 그녀에게는 변화의 해였다. 조금만 인내하면 오히려 지금의 위기를 발판으로 삼아 미래를 향해 도약할 가능성이 높았다. 나는 그녀에게 명리학적으로 조금만 더 참고 기다리면 분명 좋은 날이

올 것이라고 말해주었다. 더불어 지금까지 힘들게 삶의 시련을 겪었으므로 앞으로는 좀 더 깊이 있고 지혜로운 인생을 살 수 있으리라는 말도 들려주었다. 그제야 그녀의 표정이 환하게 살아났다. 이제껏 그 누구에게도 그처럼 위안이 되는 말을 들어본 적이 없다며, 내가 들려준 말에 희망을 걸고 견뎌보겠다고 말했다. 실제로 그녀는 상담을 이어가는 몇 달 동안 많은 일이 조금씩 해결될 기미를 보인다며 좋아했다.

그녀에게는 앞서 말한 병이 자기 성격이라면, 약은 자식이었다. 흔히 어른들이 '자식 보고 견딘다'고 말하는 것도 그냥 하는 말이 아닐 것이다. 자기 인생에 주어진 약으로 자기 병을 고쳐나갈 수 있다면 그 역시 좋은 사주라고 생각한다. 이를 두고 청나라의 명리학자 진소암은 "병이 있어 약을 얻으니 바야흐로 귀하게 될 것이다. (…) 병도 없고 약도 없는 사주는 평범한 사주다"라는 의미의 글을 남겼다.

귀하게 되고 잘 살게 된다는 것이 꼭 부귀영화를 누리게 된다는 뜻만은 아니다. 물론 그럴 수 있다면 금상첨화겠지만 태어나서 죽는 날까지 그렇게 평탄하게 살아갈 수 있는 사람은 그리 많지 않다. 누구의 삶에나 질곡이 있기 마련이다. 아무리 지상낙원이라고 하는 곳에서도 때로는 비바람이 치고 해일이 일어나는 것처럼. 그러므로 내가 말하는 '잘 산다는 것'은 인간으로서의 존엄성을 지킬 수 있는 삶을 뜻한다. 그 과정에서 가급적 외부의 비바람은 피했으면 좋겠지만, 그 또한 내 마음대로 되는 것은 아니다.

내게는 버킷리스트가 몇 개 있는데, 그중 하나가 성경의 구약을 통독하는 것이다. 그리하여 마침내 구약을 읽기 시작한 것까진 괜찮았는데 곧 문제가 생겼다. 정말이지 진도를 나가기가 무척 어려웠던 것이다. 구약에 등장하는 인물들, 예를 들어 카인과 아벨, 아브라함과 사라, 다윗과 밧세바, 노아와 자녀들 등 그들에게서 보이는 지나치게 인간적인 면모 때문이었다. 서로 질투하고 속이고 헐뜯고 상처를 주고받는 모습들이 지금 내 눈앞에서 펼쳐지는 현실의 드라마와 조금도 다르지 않았다. 아니, 오히려 더 무자비하고 가차 없는 면마저 있었다. 물론 그에 따르는 성경적인 해석은 다르다는 걸 알면서도 나는 편하게 읽어나가기가 쉽지 않았다.

솔로몬이 왜 "모든 것이 헛되고 헛되도다"라고 말했는지 이해가 가기도 했다. 하긴 그의 탄생 자체도 결코 아름답지 않았다. 다윗이 부하의 아내를 취하고서 낳은 자식이었으니 말이다. 누구보다 똑똑했던 그로서는 그러한 자신의 부모를 받아들이기가 어려웠으리라고 생각한다. 그래서 그는 우울증을 극복하기 위해 별의별 것을 다 해본다. 인간이 누릴 수 있는 최고의 사치를 누리기로 한 것이다. 하지만 그럴수록 오히려 허무함은 더 커졌다. 깊은 방황 끝에 그가 하느님 앞에 돌아와 내린 마지막 결론에는 '매 순간 자신에게 주어지는 모든 것이 다 하느님 덕분이므로 그것을 기억하자'라는 요지의 메시지가 담겨있다.

살아보니 그 이상의 지혜가 없다는 점에 나 역시 크게 공감한다. 이 순간 내가 살아 있음에, 이 순간 내가 먹고 마실 수 있음에 감사하는 것 이상으로 우리가 할 수 있는 것이 무엇이랴. 하지만 그러한 깨달음은 내게 지워진 몫만큼의 위기와 시련을 겪기 전까지는 결코 얻을 수 없다. 그리고 그것을 경험하고 깨닫고 나면 세상이 변하는 것이 아니라 내가 변화하기 시작한다. 상담을 하고 나서 자기 문제를 깨닫고 마음의 평화를 찾은 사람들이 공통적으로 하는 말이 있다. "세상은 그대로인데 내가 달라지니 세상이 달리 보이더라. 그리고 그렇게 살아가는 내가 정말 대견스럽다." 나는 그렇게 되기까지 정신의학이 누군가의 마음에 일어나는 치열한 갈등을 풀어나가는 과정을 담당한다면, 명리학은 담담하게 위로와 희망을 전해주는 역할을 한다고 생각한다.

상담 끝에 '지금까지 살아온 날들보다 지금부터 살아갈 날이 더 좋다'는, 명리학적 분석에 근거한 그 한 문장으로 힘을 얻는다는 사람을 정말 많이 만난다. 그리고 그러한 위로는 내가 명리학을 공부하지 않았더라면 결코 그들에게 줄 수 없었을 것이다. 물론 그 말을 들려주기 위해서는 나와 내담자 간에 깊은 신뢰가 있어야 하고, 구체적이고 세밀한 정신의학적 분석 결과가 전제되어야 한다. 그런 의미에서 나는 다시금 두 학문의 만남이 우리 모두에게 꼭 필요하다고 생각한다.

내 삶의
지도를 찾아서

한 지인이 새해 선물로 아름다운 디자인의 연필과 공책을 보내왔
다. 요즘은 컴퓨터로만 모든 작업을 하다 보니 손 글씨 쓰는 것조
차 잊어버린 기분이라는 말과 함께. 새해에 받은 가장 기쁘고 귀
한 선물 중 하나였다. 나 역시 컴퓨터로만 작업을 하다 보니 어쩌
다 연필이나 볼펜으로 글씨를 쓰면 내가 봐도 영 아닐 때가 많다.
악필 중에도 그런 악필이 없지 싶다. 게다가 상담 중에 내담자가
하는 중요한 이야기를 빨리 적다 보니 더욱 악필이 되어버렸다.
그래도 학교 다닐 때는 한 친구가 "넌 글씨를 잘 써서 학점도 잘
나오는구나" 하는 이야기를 할 정도로 나름 명필에 속했건만.

볼펜이나 만년필은 그 감각이 마음에 드는 것을 찾기가 힘들다. 어떤 것은 너무 얇고, 어떤 것은 너무 두껍고 하는 식이다. 그런데 오랜만에 연필이라니, 글을 쓸 때마다 그 사각거리는 맛이 여간 좋은 게 아니었다. 게다가 오래된 노래 가사처럼 연필로 쓴 것은 얼마든지 지우고 다시 쓸 수 있으니 그보다 더 좋을 수가 없다. 그러면서 어디 글씨나 사랑만 그러할까, 우리 인생도 그렇게 썼다가 지우개로 싹 지우고 다시 쓸 수 있다면 얼마나 좋을까 하는 생각을 했다. 아마도 그건 이 세상을 살아가는 거의 모든 사람의 소망일지도 모르겠다. "이번 생은 망했다"라고 외치는 사람들이 너무 많은 것을 보면 말이다. 하지만 다음 생이라고 해서 내 마음대로 되지는 않을 게 분명하므로 그냥 이번 생에 '올인' 하는 편이 가장 현명한 자세일 것이다. 그걸 모르는 사람이 어디 있으랴. 그러나 할 수 있다면 내 인생을 지우고 다시 시작하고 싶다는 소망마저 버리기는 어려우니 이 또한 유한한 존재로서 인간이 지닌 한계인지도 모르겠다.

물론 그럴 수 없으므로 우리에게 최소한 삶의 지도 같은 것이라도 있다면 얼마나 좋을까 하는 생각을 해볼 때도 있다. 언제 어떻게 어디로 가야 하는지, 무엇을 해야 하는지, 그 과정에서 내 삶이 앞으로 어떻게 전개될지 정도는 알 수 있는 지도가 있다면 "인생은 고해다"라는 한탄이 나오진 않을 것이다. 요즘은 말 그대로 빅데이터의 시대이므로 언젠가는 그 비슷한 지도가 나올지도 모른다. 하지만 그러한 미래는 아직 요원하고, 내가 보기에 하느님은 아주 조금씩만, 그저 우리가 뜻밖의 함정을 만나 느닷없이 추락하지 않을 정도로만 앞길을 인도해줄 뿐이다. 물론 그것도 운이 엄청나게 좋아야 가능한 일이지만.

그런 점에서 나는 삶의 지도를 그려보는 데 정신의학과 명리학이 도움이 된다고 생각한다. 적어도 내가 가지고 태어나는 기질과 잠재력, 전반적인 삶의 흐름에 관해서는 두 학문만큼 그 기본을 이해하는 데 큰 역할을 하는 것은 없다고 생각하기 때문이다. 이 세상에는 66억 명의 사람이 있고 광활한 우주에는 수많은 별이 있지만, 나는 온전히 나로 태어나서 온전히 나로 사라진다. 그리고 그러한 나의 특성과 삶의 여정을 추적하는 학문이 바로 정신의학과 명리학이다. 또 하나 내가 생각하는 두 학문의 가장 중요한 역할은 나의 심상, 즉 내 마음의 흐름과 영향을 살피는 것이다. 바로 이때 정신의학은 세밀하게, 명리학은 입체적이고 통합적으로 작용한다.

역사에 등장하는 수많은 명리학자들, 그리고 지금도 연구에 정진하는 많은 분에 비해 내가 조금이라도 운이 좋은 부분이 있다면, 정신과 의사인 덕분에 한 사람 한 사람의 삶을 아주 깊숙이 들여다보는 기회를 가질 수 있었다는 점이다. 그런 기회를 통해 나는 우리 삶이 한 개인의 운명(우리가 결코 알 수 없는 신의 섭리를 포함한)과 그가 지닌 자유의지에 따라 달라진다는 것을 어느 정도 이해할 수 있었다.

결론적으로 우리는 언제 어디서든 현재 이 시점에서부터 시작해 앞으로 나아갈 수밖에 없다. 그리고 그 과정에서 늘 깨어 있는 마음으로 삶의 다양성을 받아들이고, 심상을 변화시키려 노력할 수 있다면 그것만으로 충분하지 않을까. 아무리 좋은 사주를 갖고 태어났어도 그것을 갈고닦는 심상을 지닌 사람만 못하다는 말이 있다. 늘 긍정적인 마음을 가지려고 애쓰면서 열심히 살아가다 보면 자기 삶의 결과가 달라질 수도 있다는 말이다.

그런 의미에서 나는 이 책을 통해 많은 사람이 무엇보다도 '변화에 대한 희망'을 얻길 바란다. 그리하여 단테가 "다른 사람들은 자기 식대로 말하라고 내버려두라. 당신은 다만 자기의 길을 가라"라고 말한 것처럼 용기 있게 자기 삶의 여정을 당당하게 걸어갈 수 있기를 바란다. 나 역시 그 말에 힘입어 이 책을 쓸 용기를 낼 수 있었던 것처럼.

명리, 주역, 동양사상

1.   예광해, 『궁통보감』 1·2, 지남, 2004.

2.   노자·왕필, 김학목 옮김, 『노자 도덕경과 왕필의 주』, 홍익출판사, 2012.

3.   김석원, 『논어』, 혜원출판사, 1997.

4.   노자·오강남, 『도덕경』, 현암사, 1999.

5.   범선균, 『맹자』, 혜원출판사, 2007.

6.   권덕주, 『서경』, 혜원출판사, 2000.

7.   진소암, 임정환 옮김, 『제대로 보는 명리약언』, 원제역학연구원, 2006.

8.   심효첨, 박영창 외 옮김, 『직역자평진전』, 범진, 2018.

9.   오청식, 『연해자평』, 대유학당, 2008.

10.   김동규, 『적천수천미』, 명문당, 2002.

11.   오강남, 『장자』, 현암사, 2003.

12.   장자·뤄룽즈, 정유희 옮김, 『내 안에서 찾은 자유』, 생각정거장, 2017.

13. 공주대학교 정신과학연구소·공주대학교 동양학과, 『사주명리학총론』, 명문당, 2010.

14. 권의경·이민청, 김은하 외 옮김, 『오운육기학해설』, 법인문화사, 2000.

15. 김기승, 『과학명리』, 다산글방, 2016.

16. 김동완, 『사주명리학 운세변화』, 동학사, 2009.

17. 김봉준, 『실용 만세력』, 삼한출판사, 2002.

18. 김상일, 『역과 탈현대의 논리』, 지식산업사, 2006.

19. 김석진, 『대산 주역강해(상경)』, 대유학당, 2002.

20. 김석진, 『대산 주역강해(하경)』, 대유학당, 2002.

21. 김성태, 『격국과 용신』, 새움, 2006.

22. A. C. 그레이엄, 이창일 옮김, 『음양과 상관적 사유』, 청계, 2001.

23. 김원, 『사주 경영학』, 비즈니스북스, 2017.

24. 김흥호, 『주역강해』 1~3, 사색, 2003.

25. 구중회, 『한국명리학의 역사적 연구』, 국학자료원, 2010.

26. 나가다 히사시, 심우성 옮김, 『역과 점의 과학』, 동문선, 2007.

27. 리링, 김갑수 옮김, 『집 잃은 개』 1·2, 글항아리, 2012.

28. 리링, 차영익 옮김, 『리링의 주역강의』, 글항아리, 2016.

29. 맹기옥, 『나이스 사주명리 고전편』, 상원문화사, 2013.

30. 정지호, 『명리입문』, 삼한출판, 2001.

31. 모로하시 데쓰지, 최수빈 옮김, 『십이지 이야기』, 바오, 2008.

32. 모로하시 데쓰지, 김동민 외 옮김, 『중국 고전 명언 사전』, 솔, 2004.

33. 박상현, 『한국음악 궁상각치우』, 명성출판사, 2009.

34. 박영창·이승전, 『명리특강』, 성보사, 2004.

35. 박재완, 『명리사전』, 역문관, 1999.

36. 박재완, 『명리실관』, 역문관, 1999.

37. 박재완, 『명리요강』, 역문관, 1974.

38. 박주현, 『적천수 강의』 1~3, 동학사, 2002.

39. 박주현, 『사주문답』 1~2, 2000.

40. 박주현, 『합충변화』, 동학사, 1999.

41. 박주현, 『용신분석』, 동학사, 1999.

42. 백영관, 『사주정설』, 명문당, 2002.

43. 리하르트 빌헬름, 진영준 옮김, 『주역 강의』, 소나무, 1996.

44. 서울교육방송 한자교육팀, 『한자로 해석한 10간12지』, 미디어북, 2017.

45. 신용진, 『사람을 읽는 명리학』, 형설라이프, 2010.

46. 쑨 잉퀘이·양 이밍, 박삼수 옮김, 『주역』, 현암사, 2013.

47. 안점식, 『기 무엇이 문제인가』, 죠이선교회, 1999.

48. 안철환, 『24절기와 농부의 달력』, 소나무, 2011.

49. 오봉환, 『명리철학』, 청어, 2014.

50. 유소홍, 송인창 옮김, 『오행이란 무엇인가』, 심산, 2013.

51. 유승국, 『동양철학연구』, 동방학술연구원, 1983.

52. 유승국, 『한국사상과 현대』, 동방학술연구원, 1998.

53. 유안, 이준영 옮김, 『회남자』 상·하, 자유문고, 2015.

54. 유안, 최영갑 옮김, 『회남자』, 풀빛, 2014.

55. 윤태현, 『주역과 오행연구』, 식물추장, 2002.

56. 위천리, 최기우 옮김, 『세운해법』, 역학출판사, 2007.

57. 위천리, 최기우 옮김, 『팔자제요』, 케이디북스, 2005.

58. 이석영, 『사주첩경』 1~6, 한국역학교육학원, 1994.

59. 이선종, 『적천수천미 용신분석』, 장서원, 2002.

60. 이성환·김기현, 『주역의 과학과 도』, 정신세계사, 2002.

61. 이세원, 『사주, 여덟 글자의 운명』, 북핀, 2016.

62. 이순신, 노승석 옮김, 『교감완역 난중일기』, 도서출판여해, 2016.

63. 이정호, 『훈민정음의 구조원리』, 아세아문화사, 1975.

64. 임형숙, 『중국 간독시대 물질과 사상이 만나다』, 책세상, 2002.

65. 장치청, 오수현 옮김, 『주역 완전해석』 상·하, 판미동, 2018.

66. 전광, 『사주풀이 완전정복』 1·2, 보고사, 2014.

67. 전형일, 『명리 인문학』, 알렙, 2016.

68. 전형일, 『사주팔자 30문 30답』, 창해, 2007.

69. 조철선, 『전략가, 운명을 묻다』, 지혜로울자유, 2017.

70. 하국근, 『내 삶의 그릇은 뭘로 채울까』, 깊은솔, 2013.

71. 한국주역학회, 『주역과 한국역학』, 범양사, 1996.

72. 학술위원회, 『역학의 비결』, 한국자연지리협회, 2004.

73. 한동석, 『우주변화의 원리』, 대원출판, 2001.

74. 한동석, 『동의수세보원주석』, 대원출판, 2006.

75. 한중수, 『운명학 사전』, 맑은소리(동반인), 2002.

76. 국사편찬위원회, 『조선왕조실록』, 탐구당, 1969.

77. 김영목, 「민속학술자료총서. 487」 음양오행 3, 우리마당터, 2004.

78. 양창순 외, 「Relations between Eastern Four Pillars Theory and Western Measures of Personality Traits」, Yonsei Medical Journal, 2015.56;698~704

정신의학, 인문, 서양사상

1. 『성경』, 언약, 1991.

2. 강성률, 『한 권으로 읽는 동양철학사 산책』, 평단문화사, 2009.

3. 강성률, 『한 권으로 읽는 서양철학사 산책』, 평단문화사, 2009.

4. 요한 볼프강 폰 괴테, 유혜자 옮김, 『진실, 지혜, 그리고 괴테』, 샘터, 1999.

5. 김광명, 『칸트의 판단력비판 읽기』, 세창미디어, 2012.

6. 김대식, 『인간을 읽어내는 과학』, 21세기북스, 2017.

7. 김진영 외, 『수수께끼의 고대문명』, 넥서스, 1997.

8. 김욱동, 『인디언의 속삭임』, 세미콜론, 2018.

9. 단테 알리기에리, 진형준 옮김, 『신곡』, 살림, 2017.

10. 민성길 외, 『최신정신의학』, 일조각, 2015.

11. 양창순, 『CEO, 마음을 읽다』, 위즈덤하우스, 2010.

12. 양창순, 『나는 외롭다고 아무나 만나지 않는다』, 다산북스, 2016.

13. 이부영, 『노자와 융』, 한길사, 2012.

14. 이죽내, 『융심리학과 동양사상』, 하나의학사, 2005.

15. 이창재, 『프로이트와의 대화』, 민음사, 2004.

16. W. 셰익스피어, 이태주 옮김, 『셰익스피어 명언집』, 범우사, 2000.

17. 조두영, 『프로이트와 한국문학』, 일조각, 1999.

18. 조두영, 『임상행동과학:종합병원 정신의학』, 일조각, 1986.

19. 마이클 가자니가, 박인균 옮김, 『왜 인간인가』, 추수밭, 2009.

20. 피터 게이, 정영목 옮김, 『프로이트』 1·2, 교양인, 2013.

21. 리즈 그린, 유기천 옮김, 『신화와 점성학』, 문학동네, 2000.

22. 남순건, 『스트링 코스모스』, 지호, 2007.

23. 앤드루 뉴버그 외, 이충호 옮김, 『신은 왜 우리 곁을 떠나지 않는가』, 한울림, 2001.

24. 리처드 니스벳, 최인철 옮김, 『생각의 지도』, 김영사, 2004.

25. 프랑소와즈 돌토, 김성민 옮김, 『인간의 욕망과 기독교 복음』, 한국심리치료연구소, 2000.

26. 프랑소와즈 돌토, 김성민 옮김, 『정신분석학의 위협 앞에 선 기독교 신앙』, 다산글방, 1999.

27. 산도르 마라이, 강혜정 옮김, 『이혼전야』, 솔, 2004.

28. 팀 마샬, 김미선 옮김, 『지리의 힘』, 사이, 2016.

29. 개리 마커스, 김영남 옮김, 『마음이 태어 나는 곳』, 해나무, 2005.

30. 헤닝 만켈, 이수연 옮김, 『사람으로 산다는 것』, 뮤진트리, 2017.

31. 루 매리노프, 이종인 옮김, 『철학으로 마음의 병을 치료한다』, 해냄, 2000.

32. 미야베 미유키, 한희선 옮김, 『대답은 필요 없어』, 북스피어, 2007.

33. 미치오 카쿠, 박병철 옮김, 『미래의 물리학』, 김영사, 2012.

34. 다니엘 S. 밀로, 양영란, 『미래중독자』, 추수밭, 2017.

35. 이언 바버, 이철우 옮김, 『과학이 종교를 만날 때』, 김영사, 2002.

36. 제임스 맥그리거 번스, 조중빈 옮김, 『역사를 바꾸는 리더십』, 지식의날 개, 2006.

37. 범대순, 『W. H 오든』, 전남대학교출판부, 2005.

38. 알랭 드 보통, 정진욱 옮김, 『드 보통의 삶의 철학산책』, 생각의나무, 2002.

39. 알랭 드 보통, 정명진 옮김, 『젊은 베르테르의 기쁨』, 생각의나무, 2006.

40. 알랭 드 보통, 정영목 옮김, 『불안』, 이레, 2005.

41. 블레이크 벌레슨·이도희, 『융과 아프리카』, 학지사, 2014.

42. 질리언 비어, 남경태 옮김, 『다윈의 플롯』, 휴머니스트, 2008.

43. 빌 브라이슨, 이한음 옮김, 『바디』, 2020.

44. 로버트 레빈, 이상돈 옮김, 『시간은 어떻게 인간을 지배하는가』, 황금가지, 2000.

45. 에릭 로스턴, 문미정 외 옮김, 『탄소의 시대』, 21세기북스, 2011.

46. 카렌 N. 샤노어 외, 변경옥 옮김, 『마음을 과학한다』, 나무심는사람, 2004.

47. 세네카, 김천운 옮김, 『세네카 인생론』, 동서문화사, 2007.

48. 세네카, 천병희 옮김, 『세네카의 행복론』, 숲, 2015.

49. 헨리 데이비드 소로우, 강승영 옮김, 『월든』, 이레, 2004.

50. 헨리 데이비드 소로우, 강은교 옮김, 『소로우의 노래』, 이레, 1999.

51. 손영종, 『우주 레시피』, 오르트, 2015.

52. 빅토르 마이어 쇤버거·케네스 쿠키어, 이지연 옮김, 『빅데이터는 알고 있다』, 21세기북스, 2015.

53. 머리 스타인, 김창한 옮김, 『융의 영혼의 지도』, 문예출판사, 2019.

54. 레즐리 스티븐슨, 임철규 옮김, 『인간의 본질에 관한 일곱가지 이론』, 종로서적, 1981.

55. 듀에인 슐츠, 이혜성 옮김, 『성장심리학』, 이화여자대학교출판부, 1982.

56. 바버라 스트로치, 강수정 옮김, 『십대들의 뇌에서는 무슨 일이 벌어지고 있나?』, 해나무, 2014.

57. 잭 스펙터, 신문수 옮김, 『프로이트 예술미학』, 풀빛, 1998.

58. A. 아들러, 설영환 옮김, 『아들러 심리학 해설』, 선영사, 2005.

59. A. 아들러, 라영균 옮김, 『인간이해』, 일빛, 2009.

60. 야고보 알베리오네, 성바오로딸수도회 편, 『365일 당신을 축복합니다』, 바오로딸, 2010.

61. 야마구치 슈, 김윤경 옮김, 『철학은 어떻게 삶의 무기가 되는가』, 다산초당, 2019.

62. 줄스 에번스, 서영조 옮김, 『철학을 권하다』, 더퀘스트, 2012.

63. 노먼 오거스틴·케네스 아델만, 홍윤주 옮김, 『세익스피어를 모르면 21세기 경영은 없다』, 푸른샘, 2000.

64. 조지 와인버그, 김재필 옮김, 『세상 사는 지혜』, 한언, 2000.

65. 앨런 와츠, 이석명 옮김, 『불안이 주는 지혜』, 마디, 2014.

66. 웬디 우드, 김윤재 옮김, 『해빗』, 다산북스, 2019.

67. 우에시마 게이지, 정세환 옮김, 『우연의 힘』, 까치, 2010.

68. 칼 구스타프 융, 한국융연구원 옮김, 『정신 요법의 기본 문제』, 솔, 2001.

69. 칼 구스타프 융, 한국융연구원 옮김, 『원형과 무의식』, 솔, 2002.

70. 칼 구스타프 융, 한국융연구원 옮김, 『인격과 전이』, 솔, 2004.

71. 칼 구스타프 융, 한국융연구원 옮김, 『인간의 상과 신의 상』, 솔, 2008.

72. 칼 구스타프 융, 한국융연구원 옮김, 『꿈에 나타난 개성화 과정의 상징』, 솔, 2002.

73. 칼 구스타프 융, 한국융연구원 옮김, 『연금술에서 본 구원의 관념』, 솔, 2004.

74. 칼 구스타프 융, 한국융연구원 옮김, 『상징과 리비도』, 솔, 2005.

75. 칼 구스타프 융, 한국융연구원 옮김, 『영웅과 어머니 원형』, 솔, 2006.

76. 칼 구스타프 융, 한국융연구원 옮김, 『인간과 문화』, 솔, 2004.

77. 이명휘, 김기주 외 옮김, 『유교와 칸트』, 예문서원, 2012.

78. 이석영, 『모든 사람을 위한 빅뱅 우주론 강의』, 사이언스북스, 2009.

79. 이인웅, 『헤르만 헤세와 동양의 지혜』, 두레, 2000.

80. 이준석, 『프로이트, 구스타프 말러를 만나다』, 이담북스, 2012.

81. 칼릴 지브란, 강주헌 옮김, 『지혜의 서』, 아테네, 2019.

82. 프리초프 카프라, 김용정 외 옮김, 『현대 물리학과 동양사상』, 범양사, 2006.

83. 프리초프 카프라, 구윤서 외 옮김, 『새로운 과학과 문명의 전환』, 범양사, 2007.

84. 임마누엘 칸트, 백종현 옮김, 아카넷, 2002.

85. 랄프 루드비히, 박중목 옮김, 『순수이성비판』, 이학사, 2014.

86. 션 캐럴, 최가영 옮김, 『빅 픽쳐』, 글루온, 2019.

87. 스티븐 킹, 김진준 옮김, 『유혹하는 글쓰기』, 김영사, 2017.

88. 조셉 B. 파브리, 고병학 옮김, 『의미치료』, 하나의학사, 1985.

89. 크리스토퍼 포터, 전대호 옮김, 『당신과 지구와 우주』, 까치, 2010.

90. 빅터 프랭클, 이봉우 옮김, 『로고테라피의 이론과 실제』, 분도출판사, 1980.

91. 빅터 프랭클, 오승훈 옮김, 『빅터 프랭클의 의미를 향한 소리없는 절규』, 청아출판사, 2005.

92. 에반 티 프리처드, 강자모 옮김, 『시계가 없는 나라』, 동아시아, 2004.

93. 프로이트, 이재광 옮김, 『프로이트의 두 발자취』, 하나의학사, 1995.

94. 에리히 프롬, 박갑성 외 옮김, 『자기를 찾는 인간』, 종로서적, 1981.

95. 에리히 프롬, 황문수 옮김, 『사랑의 기술』, 문예출판사, 2000.

96. 에리히 프롬, 황문수 옮김, 『인간의 마음』, 문예출판사, 2002.

97. 에리히 프롬, 최혁순 옮김, 『소유냐 존재냐』, 범우사, 1999.

98. 라이너 풍크, 김희상 옮김, 『내가 에리히 프롬에게 배운 것들』, 갤리온, 2008.

99. 앤드리아 피터슨, 박다솜 옮김, 『불안에 대하여』, 열린책들, 2017.

100. 스티븐 핑거, 김한영 옮김, 『빈 서판』, 사이언스북스, 2004.

101. 에이모 토울스, 서창렬 옮김, 『모스크바의 신사』, 현대문학, 2018.

102. 베어 하트, 형선호 옮김, 『인생과 자연을 바라보는 인디언의 지혜』, 황금가지, 1999.

103. 이디스 해밀턴, 이지은 옮김, 『고대 그리스인의 생각과 힘』, 까치, 2009.

104. 이디스 해밀턴, 정기문 옮김, 『고대 로마인의 생각과 힘』, 까치, 2009.

105. 헤르만 헤세, 박환덕 옮김, 『유리알 유희』, 범우사, 1999.

106. 그레이엄 핸콕, 이경덕 옮김, 『신의 지문』 상·하, 1996.

107. 한스 페터, 이기상 외 옮김, 『하이데거와 선』, 민음사, 1995.

108. 악셀 호네트, 문성훈 옮김, 『인정투쟁』, 사월의책, 2011.

109. 캘빈 S. 홀, 김형섭 옮김, 『융 심리학 입문』, 문예출판사, 2004.

110. 캘빈 S. 홀, 이용호 옮김, 『융 심리학 입문』, 백조출판사, 1980.

111. 제레미 홈즈, 유원기 옮김, 『나르시시즘』, 이제이북스, 2002.

112. Frankle, Victor, *The will to Meaning*, New American Library, 1969.

113. Hales, Robert 외, *Textbook of Psychiatry*, American Psychiatric Publishing, Inc, 2007.

114. Horney, Karen, *Neurosis and Human Growth*, WW Norton& Company, 1950.

115. Horney, Karen, *The Collected Works of Karen Horney* 1~4, WW Norton& company, 1945.

116. Horney, Karen, *Our Inner Conflicts*, WW Norton& Company. 1950.

117. Freud, Sigmund, *Critical Assessments* 1~4, Routledge, 1950.

118. Jung, C.G. *The Undiscovered Self*, Mentor Books, 1964.

119. Ratey, John, *A User's Guide to The Brain*, Vintage Books, 2002.

120. Yalom, Irvin, *Existential Psychotherapy*, Basic Books, 1980.

121. 민성길, 「헤르만 헤세의 우울증, 경건주의, 그리고 정신분석」 신경정신의학, 2018.57:,52~80

그림

1. 클로드 모네, 「Poppy Field(Giverny)」, 1890-1891.

2. 클로드 모네, 「Branch of The Seine Near Giverny(Mist)」 from The Series 'Mornings on The Seine', 1897.

3. 차일드 하삼, 「The Little Pond, Appledore」 1890.

———

"지금까지 살아온 날들보다
지금부터 살아갈 날들이 더 좋다."

———

명리심리학

초판 1쇄 발행 2020년 2월 25일
초판 14쇄 발행 2023년 11월 16일

지은이 양창순
펴낸이 김선식

경영총괄이사 김은영
콘텐츠사업본부장 임보윤
책임편집 한다혜 **디자인** 윤유정
콘텐츠개발1팀장 한다혜 **콘텐츠개발1팀** 윤유정, 성기병, 문주연
편집관리팀 조세현, 백설희 **저작권팀** 한승빈, 이슬, 윤제희
마케팅본부장 권장규 **마케팅2팀** 이고은, 양지환
미디어홍보본부장 정명찬 **영상디자인파트** 송현석, 박장미, 김은지, 이소영
브랜드관리팀 안지혜, 오수미, 문윤정, 이예주 **지식교양팀** 이수인, 염아라, 석찬미, 김혜원, 백지은
크리에이티브팀 임유나, 박지수, 변승주, 김화정, 장세진 **뉴미디어팀** 김민정, 이지은, 홍수경, 서가을
재무관리팀 하미선, 윤이경, 김재경, 이보람, 임혜정
인사총무팀 강미숙, 김혜진, 지석배, 황종원
제작관리팀 이소현, 최완규, 이지우, 김소영, 김진경, 박예찬
물류관리팀 김형기, 김선진, 한유현, 전태환, 전태연, 양문현, 최창우, 이민운

펴낸곳 다산북스 **출판등록** 2005년 12월 23일 제313-2005-00277호
주소 경기도 파주시 회동길 357, 3층
전화 02-702-1724 **팩스** 02-703-2219 **이메일** dasanbooks@dasanbooks.com
홈페이지 www.dasanbooks.com **블로그** blog.naver.com/dasan_books
종이 IPP **인쇄** 민언프린텍 **제본** 국일문화사 **후가공** 제이오엘앤피

ISBN 979-11-306-2863-9 (03180)

다산북스(DASANBOOKS)는 독자 여러분의 책에 관한 아이디어와 원고 투고를 기쁜 마음으로 기다리고 있습니다.
책 출간을 원하는 아이디어가 있으신 분은 다산북스 홈페이지 '투고원고'란으로 간단한 개요와 취지, 연락처 등을 보내주세요.
머뭇거리지 말고 문을 두드리세요.